Reliure serrée

Alors plus de scrupules, plus de remords, plus de vertu pour Raymon : il avait acheté assez cher l'heure qui sonnait. Son sang glacé dans ses veines refluait maintenant vers son cerveau avec une violence délirante. Tout à l'heure les pâles terreurs de la mort, les rêves funèbres de la tombe; à présent les fougueuses réalités de l'amour, les âpres joies de la vie. Raymon se retrouvait audacieux et jeune comme au matin, lorsqu'un rêve sinistre nous enveloppe de ses linceuls, et qu'un joyeux rayon du soleil nous réveille.

— Pauvre Ralph! pensa-t-il en montant l'escalier dérobé d'un pas hardi et léger. c'est toi qui l'as voulu.

FIN DU TOME PREMIER.

INDIANA.

INDIANA

PAR

G. SAND.

2

PARIS
J.-P. RORET, LIBRAIRE-EDITEUR,
18, RUE DES GRANDS-AUGUSTINS.
HENRI DUPUY, IMPRIMEUR,
RUE DE LA MONNAIE.
1832

TROISIÈME PARTIE.

INDIANA.

I.

En quittant sir Ralph, madame Delmare s'était enfermée dans sa chambre, et mille pensées orageuses s'étaient élevées dans son ame. Ce n'était pas la première fois qu'un soupçon vague jetait ses clartés sinistres sur le frêle édifice de son bonheur. Déjà

M. Delmare avait, dans la conversation, laissé échapper quelques-unes de ces indélicates plaisanteries qui passent pour des complimens. Il avait félicité Raymon de ses succès chevaleresques de manière à mettre presque sur la voie les oreilles étrangères à cette aventure. Chaque fois que madame Delmare avait adressé la parole au jardinier, le nom de Noun était venu, comme une fatale nécessité, se placer dans les détails les plus indifférens, et puis celui de M. de Ramière s'y était glissé aussi par je ne sais quel enchaînement d'idées qui semblait s'être emparé de la tête de cet homme et l'obséder malgré lui. Madame Delmare avait été frappée de ses questions étranges et maladroites. Il s'égarait dans ses paroles pour la moindre affaire ; il semblait qu'il fût sous le poids d'un remords qu'il trahissait en s'efforçant de le cacher. D'autres fois c'était dans le trouble de Raymon lui-même qu'Indiana avait trouvé ces indices qu'elle ne cherchait pas et qui la poursuivaient. Une circonstance particulière l'eût éclairée davantage si elle n'eût fermé son ame à toute méfiance. On avait trouvé au doigt de Noun une bague fort riche que madame Delmare lui avait vu porter quelque temps avant sa mort, et que la jeune fille prétendait avoir trouvée. Depuis, madame Delmare ne quitta plus ce gage de douleur, et souvent elle avait vu pâlir Raymon au moment où il saisissait sa main pour la porter à ses lèvres. Une fois il l'avait suppliée de ne lui jamais parler de Noun, parce qu'il se regardait comme coupable de sa mort; et comme elle cherchait à lui ôter cette idée douloureuse en prenant tout le tort sur elle, il lui avait répondu :

— Non, pauvre Indiana, ne vous accusez pas, vous ne savez pas à quel point je suis coupable.

Cette parole, dite d'un ton amer et sombre, avait effrayé madame Delmare. Elle n'avait pas osé insister, et maintenant qu'elle commençait à s'expliquer tous ces lambeaux de découvertes, elle n'avait pas encore le courage de s'y attacher et de les réunir.

Elle ouvrit sa fenêtre, et voyant la nuit si calme, la lune si pâle et si belle derrière les vapeurs argentées de l'horizon, en se rappelant que Raymon allait venir, qu'il était peut-être dans le parc, en songeant à tout le bonheur qu'elle s'était promis pour cette heure d'amour et de mystère, elle maudit Ralph qui d'un mot venait d'empoisonner son espoir et de détruire à jamais son repos. Elle se sentit même de la haine pour lui, pour cet homme malheureux qui lui avait servi de père, et qui venait de sacrifier son avenir pour elle; car son avenir c'était l'amitié d'Indiana, c'était son seul bien, et il se résignait à le perdre pour la sauver.

Indiana ne pouvait pas lire au fond de son cœur, elle n'avait pu pénétrer celui de Raymon. Elle n'était point injuste par ingratitude, mais par ignorance. Ce n'était pas sous l'influence d'une passion forte qu'elle pouvait ressentir faiblement l'atteinte qu'on venait de lui porter. Un instant elle rejeta tout le crime sur Ralph, aimant mieux l'accuser que de soupçonner Raymon.

Et puis elle avait peu de temps pour se reconnaître, pour prendre un parti : Raymon allait venir. Peut-être même était-ce lui qu'elle voyait errer depuis quelques instans autour du petit pont. Quelle aversion Ralph ne lui eût-il pas inspiré en cet instant si elle l'eût deviné sous cette forme vague qui se perdait à chaque moment dans le brouillard et qui, placée comme une ombre à l'entrée des Champs-Élysées, cherchait à en défendre l'approche au coupable!

Tout d'un coup il lui vint une de ces idées bizarres, incomplètes, que les êtres faibles et malheureux sont seuls capables de rencontrer. Elle risqua tout son sort sur une épreuve délicate et singulière contre laquelle Raymon ne pouvait être en garde. Elle avait à peine préparé ce mystérieux moyen, qu'elle entendit les pas de Raymon dans l'escalier dérobé. Elle courut lui ouvrir, et revint s'asseoir si émue, qu'elle se sentait prête à tomber; mais, comme dans toutes les crises majeures de sa vie, elle conservait une grande netteté de jugement, une grande force d'esprit.

Raymon était encore pâle et haletant quand il poussa la porte, impatient de revoir la lumière, de ressaisir la réalité. Indiana lui tournait le dos, elle était enveloppée d'une pelisse doublée de fourrure. Par un étrange hasard, c'était la même que Noun avait prise à l'heure du dernier rendez-vous pour aller à sa rencontre dans le parc. Je ne sais si vous vous souvenez que Raymon eut alors pendant un instant l'idée invraisemblable que cette femme enveloppée et cachée était madame Delmare. Maintenant, en retrouvant la même apparition tristement penchée sur une chaise, à la lueur d'une lampe vacillante et pâle, à cette même place où tant de souvenirs terribles l'attendaient, dans cette chambre où il n'était pas entré depuis la plus sinistre nuit de sa vie, et qu'il retrouvait toute meublée de ses remords, il recula involontairement et resta sur le seuil, attachant son regard contracté sur cette figure immobile, et tremblant comme un poltron qu'en se retournant elle ne lui offrît les traits livides d'une femme noyée....

Madame Delmare ne se doutait point de l'effet qu'elle produisait sur Raymon. Elle avait entouré sa tête d'un foulard des Indes, noué négligemment à la manière des créoles : c'était la coiffure ordinaire de Noun. Raymon, vaincu par la peur, faillit tomber à la renverse, en croyant voir ses idées superstitieuses se réaliser. Mais, en reconnaissant la femme qu'il venait séduire, il oublia celle qu'il avait séduite, et s'avança vers elle. Elle avait l'air sérieux et réfléchi; elle le regardait fixement, mais avec plus d'attention que de tendresse, et ne fit pas un mouvement pour l'attirer plus vite auprès d'elle.

Raymon, surpris de cet accueil, l'attribua à quelque chaste scrupule, à quelque délicate retenue de jeune femme. Il se mit à ses genoux, en lui disant :

— Ma bien-aimée, avez-vous donc peur de moi?...

Mais aussitôt il remarqua que madame Delmare tenait quelque chose qu'elle avait l'air d'étaler devant lui avec une badine affectation de gravité. Il se pencha, et vit une masse de cheveux noirs irrégulièrement longs qui semblaient avoir été coupés à la hâte, et qu'Indiana rassemblait et lissait dans ses mains.

— Les reconnaissez-vous? lui dit-elle en attachant sur lui ses yeux transparens d'où s'échappait un éclat pénétrant et verdâtre.

Raymon hésita, reporta son regard sur le foulard dont elle était coiffée, et crut comprendre.

— Méchante enfant! lui dit-il en prenant les cheveux dans sa main, pourquoi donc les avoir coupés? Ils étaient si beaux, et je les aimais tant!

— Vous me demandiez hier, lui dit-elle avec une espèce de sourire, si je vous en ferais bien le sacrifice.

— Oh! Indiana! s'écria Raymon, tu sais bien que tu seras plus belle encore désormais pour moi. Donne-les moi donc, je ne veux pas les regretter à ton front ces cheveux que j'admirais chaque jour, et que maintenant je pourrai chaque jour baiser en liberté; donne-les moi pour qu'ils ne me quittent jamais....

Mais en les prenant, en rassemblant dans sa main cette riche chevelure dont quelques tresses tombaient jusqu'à terre, Raymon crut y trouver quelque chose de sec et de rude que ses doigts n'avaient jamais remarqué sur les bandeaux luisans au front d'Indiana. Il éprouva aussi je ne sais quel frisson nerveux en les sentant froids et lourds comme s'ils eussent été coupés depuis long-temps, en s'apercevant qu'ils avaient déjà perdu leur moiteur parfumée et leur chaleur vitale. Et puis il les regarda de près et leur chercha en vain ce reflet bleu qui les faisait ressembler à l'aile azurée du canard sauvage : ceux-là étaient d'un noir nègre, d'une nature indienne, d'une pesanteur morte....

Les yeux clairs et perçans d'Indiana suivaient toujours ceux de Raymon. Il les porta involontairement sur une cassette d'ébène entr'ouverte, d'où quelques mèches des mêmes cheveux s'échappaient encore.

— Ce ne sont pas les vôtres, dit-il en détachant le mouchoir des Indes qui lui cachait ceux de madame Delmare.

Ils étaient dans leur entier et tombaient dans tout leur luxe sur ses épaules. Mais elle fit un mouvement pour le repousser, et lui montrant toujours les cheveux coupés :

— Ne reconnaissez-vous donc pas ceux-là ? lui dit-elle. Ne les avez-vous jamais admirés, jamais caressés ? Une nuit humide leur a-t-elle fait perdre tous leurs parfums ? N'avez-vous pas un souvenir, pas une larme pour celle qui portait cet anneau ?

Raymon se laissa tomber sur une chaise, les cheveux de Noun échappèrent à sa main tremblante. Tant d'émotions pénibles l'avaient épuisé. C'était un homme bilieux dont le sang circulait vite, dont les nerfs s'irritaient facilement. Il frissonna de la tête aux pieds et roula évanoui sur le parquet.

Quand il revint à lui, madame Delmare, à genoux près de lui, l'arrosait de larmes et lui demandait grâce ; mais Raymon ne l'aimait plus.

— Vous m'avez fait un mal horrible, lui

dit-il ; un mal qu'il n'est pas en votre pouvoir de réparer. Vous ne me rendrez jamais, je le sens, la confiance que j'avais en votre cœur. Vous venez de me montrer combien il renferme de vengeance et de cruauté. Pauvre Noun! pauvre fille infortunée! c'est envers elle que j'ai eu des torts, et non envers vous. C'est elle qui avait le droit de se venger, et qui ne l'a pas fait. Elle s'est tuée, afin de me laisser l'avenir. Elle a sacrifié sa vie à mon repos. Ce n'est pas vous, Madame, qui en eussiez fait autant!... Donnez-les-moi ces cheveux, ils sont à moi, ils m'appartiennent; c'est le seul bien qui me reste de la seule femme qui m'ait vraiment aimé. Malheureuse Noun! tu étais digne d'un autre amour! Et c'est vous, Madame, qui me reprochez sa mort! vous, que j'ai aimée au point de l'oublier, au point d'affronter ces tortures affreuses du remords! vous, qui sur la foi d'un baiser m'avez fait traverser cette rivière et franchir ce pont, seul, avec la terreur à mes côtés, poursuivi par les illusions infernales de mon crime ! Et quand vous découvrez avec quelle passion délirante je vous aime, vous enfoncez vos ongles de femme dans mon cœur, afin d'y chercher un reste de sang qui puisse couler encore pour vous ! Ah ! quand j'ai dédaigné un amour si pur et recherché un amour si féroce, j'étais aussi insensé que coupable.

Madame Delmare ne répondait rien. Immobile, pâle, avec ses cheveux épars, ses lèvres violacées, ses yeux fixes, elle fit pitié à Raymon. Il prit sa main...

— Et pourtant, lui dit-il, cet amour que j'ai pour toi est si aveugle, que je puis encore oublier, je le sens malgré moi, et le passé et le présent, et le forfait qui a flétri ma vie, et le crime que tu viens de commettre. Aime-moi encore, et je te pardonne.

Entendez-vous ? Raymon offrit sa miséricorde à Indiana, et elle se trouva heureuse de l'accepter. Avis à vous, cerveaux faibles, esprits étroits, qui perdez courage après un revers et qui cessez de vous estimer après une faute. Raymon est le modèle des héros de roman ; c'est en vain que la justice céleste poursuit un tel homme ; elle ne sait où le prendre, il lui échappe sans cesse. A peine l'a-t-elle frappé, il se relève, il remonte au faîte de sa destinée, il se redresse de toute la hauteur de son audace, il épouvante les timides et subjugue les faibles. C'est qu'il sait vivre, c'est que pour lui la vie est une science exacte ; c'est qu'il a analysé, étudié, résumé l'art d'être heureux ; c'est que personne mieux que lui ne sait ce que la destinée lui doit de jouissances, de pardons et de compensations ; c'est qu'il ne veut pas se dessaisir de la plus petite portion de son bien-être et que tout doit reculer et céder devant la puissante considération de son *moi*. C'est l'homme qui sait le mieux mettre à profit les faveurs du hasard ou les dons du ciel. En ce sens, c'est l'ame la plus sensible, l'esprit le plus impressionnable. Aussi c'est l'homme de la société actuelle, c'est l'homme le mieux pénétré de ce qu'elle lui doit et le plus déterminé à lui donner raison pour s'acquitter envers elle.

Le désespoir de madame Delmare réveilla le désir avec l'orgueil dans le cœur de son amant. En la voyant si effrayée de perdre son amour, si humble devant lui, si résignée à accepter ses lois pour l'avenir comme des justifications du passé, il se rappela dans quelles intentions il avait trompé la vigilance de Ralph, et comprit tous les avantages de sa position. Il affecta quelques instants une profonde tristesse, une rêverie sombre; il répondit à peine aux larmes et aux caresses d'Indiana; il attendit que son cœur se fût brisé dans les sanglots, qu'elle eût entrevu toute l'horreur de l'abandon, qu'elle eût usé toute sa force à de déchirantes frayeurs, et alors quand il la vit à ses genoux, mourante, épuisée, attendant la mort d'un mot, il la saisit dans ses bras avec une rage convulsive et l'attira sur sa poitrine. Elle céda comme une faible enfant; elle lui abandonna ses lèvres sans résistance. Elle était presque morte.

Mais tout d'un coup, s'éveillant comme d'un rêve, elle s'arracha à ces brûlantes caresses, s'enfuit au bout de la chambre, à l'endroit où le portrait de sir Ralph remplissait le panneau, et comme si elle se fût mise sous la protection de ce personnage grave, au front pur, aux lèvres calmes, elle se serra contre lui, palpitante, égarée et saisie d'une étrange frayeur. C'est ce qui fit penser à Raymon qu'elle s'était émue dans ses bras, qu'elle avait peur d'elle-même, qu'elle était à lui.

Il courut vers elle, l'arracha avec autorité de sa retraite, lui déclara qu'il était venu avec l'intention de tenir ses promesses, mais que sa cruauté envers lui l'avait affranchi de ses sermens.

— Je ne suis plus maintenant, lui dit-il, ni votre esclave, ni votre allié. Je ne suis plus que l'homme qui vous aime éperdument et qui vous tient dans ses bras, méchante, capricieuse, cruelle, mais belle, folle et adorée. Avec des paroles de douceur et de confiance vous eussiez maîtrisé mon sang; calme et généreuse comme hier, vous m'eussiez fait doux et résigné comme à l'ordinaire. Mais vous avez remué toutes mes passions, bouleversé toutes mes idées, irrité toutes mes fibres par des émotions délirantes; vous m'avez fait tour à tour malheureux, poltron, malade, furieux, désespéré. Il faut me faire heureux maintenant, ou je sens que je ne puis plus croire en vous, que je ne puis plus vous aimer, vous bénir. Pardon, Indiana, pardon; si je t'effraie, c'est ta faute, tu m'as fait tant souffrir que j'ai perdu la raison.

Indiana tremblait de tous ses membres. Elle était ignorante de la vie au point de croire la résistance impossible. Elle était prête à céder par peur ce que par amour elle voulait refuser ; mais en se débattant faiblement dans les bras de Raymon, elle lui dit avec désespoir :

— Vous seriez donc capable d'employer la force avec moi ?

Et Raymon s'arrêta frappé de cette résistance morale qui survivait à la résistance physique. Il la repoussa vivement.

— Jamais ! s'écria-t-il ; plutôt mourir que de ne pas te tenir de toi seule.

Il se jeta à genoux, et tout ce que l'esprit peut mettre à la place du cœur, tout ce que l'imagination peut donner de poésie à l'ardeur du sang, il l'enferma dans une fervente et dangereuse prière. Et quand il vit qu'elle ne se rendait pas, il céda à la nécessité et lui reprocha de ne pas l'aimer. lieu commun qu'il méprisait et qui le faisait sourire d'avoir affaire à une femme assez ingénue pour n'en pas sourire elle-même.

Ce classique reproche alla au cœur d'Indiana plus que toutes les romantiques exclamations dont Raymon avait brodé son discours.

Mais tout d'un coup elle se rappela :

— Raymon, lui dit-elle, celle qui vous aimait tant.... celle dont nous parlions tout à l'heure.... sans doute elle ne vous a pas refusé ?

— Rien! dit Raymon impatienté de cet importun souvenir. Vous qui toujours me la rappelez, faites plutôt que j'oublie à quel point j'en fus aimé !

— Laissez, reprit Indiana pensive et grave, ayez un peu de courage, il faut que je vous en parle encore. Vous ne fûtes peut-être pas aussi coupable envers moi que je le pensais. Il me serait doux de pouvoir vous pardonner ce que je regardais comme une mortelle offense... Dites-moi donc... quand

je vous surpris, là... pour qui veniez-vous?
pour elle ou pour moi?...

Raymon hésita, puis comme il pensa que
la vérité serait bientôt connue de madame
Delmare, qu'elle l'était peut-être déjà, il
répondit :

— Pour elle.

— Eh bien, je l'aime mieux ainsi, dit-elle
d'un air triste ; j'aime mieux une infidélité
qu'un outrage. Soyez sincère jusqu'au bout,
Raymon. Depuis quand étiez-vous dans ma
chambre quand j'y entrai? Songez que
Ralph sait tout, et que si je voulais l'interroger...

— Il n'est pas besoin des délations de sir
Ralph, Madame. J'étais ici depuis la veille.

— Et vous avez passé la nuit... dans cette
chambre?... Votre silence me suffit.

Tous deux restèrent sans parler pendant
quelques instants, et puis Indiana se levant
allait s'expliquer, lorsqu'un coup sec frappé
à sa porte arrêta son sang dans ses artères.

Raymon et elle demeurèrent immobiles, n'osant respirer.

Alors un papier glissa sous la porte. C'était un feuillet de calepin sur lequel ces mots presque illisibles étaient tracés au crayon :

« Votre mari est ici. »

RALPH.

II.

— C'est une fausseté misérablement choisie, dit Raymon dès que le faible bruit des pas de Ralph eut cessé d'être perceptible. Sir Ralph a besoin d'une leçon, et je la lui donnerai telle....

— Je vous le défends, dit Indiana d'un

ton froid et décidé ; mon mari est ici ; Ralph n'a jamais menti. Nous sommes perdus vous et moi. Il fut un temps où cette idée m'eût glacée d'effroi : aujourd'hui peu m'importe.

— Eh bien ! dit Raymon en la saisissant dans ses bras avec enthousiasme, puisque la mort nous environne, sois à moi. Pardonne-moi tout, et que dans cet instant suprême ta dernière parole soit d'amour, mon dernier souffle de bonheur.

— Cet instant de terreur et de courage eût pu être le plus beau de ma vie, dit-elle ; mais vous me l'avez gâté.

Un bruit de roues se fit entendre dans la cour de la ferme, et la cloche du château fut ébranlée par une main rude et impatiente.

— Je connais cette manière de sonner, dit Indiana attentive et froide ; Ralph n'a pas menti ; mais vous avez le temps de fuir, partez....

— Non, je ne veux pas, s'écria Raymon.

je soupçonne quelque odieuse trahison, et vous n'en serez pas seule victime. Je reste, et ma poitrine vous protégera....

— Il n'y a pas de trahison... Vous voyez bien que les domestiques s'éveillent et que la grille va être ouverte.... Fuyez, les arbres du parterre vous cacheront; et puis la lune ne paraît pas encore. Pas un mot de plus, partez.

Raymon fut forcé d'obéir; mais elle l'accompagna jusqu'au bas de l'escalier et jeta un regard scrutateur d'inquiétude sur les massifs du parterre. Tout était silencieux et calme. Elle resta long-temps sur la dernière marche, écoutant avec terreur le bruit de ses pas sur le gravier et ne songeant plus à son mari qui approchait. Que lui importait ses soupçons et sa colère, pourvu que Raymon fût hors de danger!

Pour lui, il franchissait, rapide et léger, la rivière et le parc. Il atteignit la petite porte, et, dans son trouble, il eut quelque peine à l'ouvrir. A peine fut-il dehors que sir Ralph se présenta devant lui et lui dit, avec le même sang-froid que s'il l'eût abordé dans un *rout* :

— Faites-moi le plaisir de me confier cette clef. Si on la cherche, il y aura peu d'inconvéniens à ce qu'on la trouve dans mes mains.

Raymon eût préféré la plus mortelle injure à cette ironique générosité.

— Je ne serais pas homme à oublier un service sincère, lui dit-il ; mais je suis homme à venger un affront et à punir une perfidie.

Ralph ne changea ni de ton ni de visage.

— Je ne veux pas de votre reconnaissance, répondit-il, et j'attends votre vengeance tranquillement ; mais ce n'est pas le moment de causer ensemble. Voici votre chemin ; songez à madame Delmare.

Et il disparut.

Cette nuit d'agitation avait tellement bouleversé la tête de Raymon qu'il aurait cru volontiers à la magie dans cet instant. Il ar-

…va avec le jour à Cercy et se mit au lit avec la fièvre.

Pour madame Delmare, elle fit les honneurs du déjeuner à son mari et à son cousin avec beaucoup de calme et de dignité. Elle n'avait pas encore réfléchi à sa situation; elle était tout entière sous l'influence de l'instinct, qui lui imposait le sang-froid et la présence d'esprit. Le colonel était sombre et soucieux; mais ses affaires l'absorbaient seules, et nul soupçon jaloux ne trouvait place dans ses pensées.

Raymon retrouva vers le soir la force de s'occuper de son amour; mais cet amour avait bien diminué. Il aimait les obstacles; mais il reculait devant les ennuis, et il en prévoyait d'innombrables maintenant qu'Indiana avait le droit des reproches. Enfin il se rappela qu'il était de son honneur de s'informer d'elle, et il envoya son domestique rôder autour du Lagny pour savoir ce qui s'y passait. Ce messager lui rapporta la lettre suivante que madame Delmare lui avait remise.

« J'ai espéré cette nuit que je perdrais la raison ou la vie. Pour mon malheur j'ai conservé l'une et l'autre; mais je ne me plaindrai pas, j'ai mérité les douleurs que j'éprouve : j'ai voulu vivre de cette vie orageuse ; il y aurait lâcheté à reculer aujourd'hui. Je ne sais pas si vous êtes coupable, je ne veux pas le savoir ; nous ne reviendrons jamais sur ce sujet, n'est-ce pas! Il nous fait trop de mal à tous deux ; qu'il en soit donc question maintenant pour la dernière fois.

» Vous m'avez dit un mot dont j'ai ressenti une joie cruelle. Pauvre Noun! du haut des cieux, pardonne-moi; tu ne souffres plus, tu n'aimes plus, tu me plains peut-être !...... Vous m'avez dit, Raymon, que vous m'aviez sacrifié cette infortunée, que vous m'aimiez plus qu'elle... Oh! n'y revenez pas, vous l'avez dit. J'ai tant besoin de le croire que je le crois. Et pourtant votre conduite cette nuit, vos instances, votre égarement eussent dû m'en faire douter. J'ai pardonné au moment de trouble dont vous subissiez l'influence ; maintenant vous avez pu réfléchir, revenir à vous-même, dites, voulez-vous renoncer à m'aimer de la sorte ? Moi, qui vous aime avec le cœur, j'ai cru jusqu'ici que je pourrais vous inspirer un amour aussi pur que le mien. Et puis je n'avais pas trop réfléchi à l'avenir. Mes regards ne s'étaient pas portés bien loin, et je ne m'épouvantais pas de l'idée qu'un jour, vaincue par votre dévouement, je pourrais vous sacrifier mes scrupules et mes répugnances. Mais aujourd'hui il n'en peut être ainsi. Je ne puis plus voir dans cet avenir qu'une effrayante parité avec Noun. Oh! n'être pas plus aimée qu'elle ne l'a été! Si je le croyais!... Et pourtant elle était plus belle que moi, bien plus belle. Pourquoi m'avez-vous préférée? Il faut bien que vous m'aimiez autrement et mieux... Voilà ce que je voulais vous dire. Voulez-vous renoncer à être mon amant comme vous avez été le sien? En ce cas, je puis vous estimer encore, croire à vos remords, à votre sincérité, à votre amour; sinon, ne pensez plus à moi, vous ne me reverrez jamais. J'en mourrai peut-être, mais j'aime mieux mourir que de descendre à n'être plus que votre maîtresse. »

I....

Raymon se sentit embarrassé de répondre. Cette fierté l'offensait. Il n'avait pas cru jusqu'alors qu'une femme qui s'était jetée dans ses bras pût lui résister ouvertement et raisonner froidement sa résistance.

— Elle ne m'aime pas, se dit-il, son cœur est sec, son caractère hautain.

De ce moment il ne l'aima plus. Elle avait froissé son amour-propre; elle avait déçu l'espoir d'un de ses triomphes, déjoué l'attente d'un de ses plaisirs. Pour lui, elle n'était même plus ce qu'avait été Noun. Pauvre Indiana! elle qui voulait être davantage! Son amour passionné fut méconnu, sa confiance aveugle fut méprisée. Raymon ne l'avait jamais comprise; comment eût-il pu l'aimer long-temps?

Alors il jura dans son dépit qu'il triompherait d'elle. Il ne le jura plus par orgueil, mais par vengeance. Il ne s'agissait plus pour lui de conquérir un bonheur, mais de punir un affront; de posséder une femme, mais de la réduire. Il jura qu'il serait son maître, ne fût-ce qu'un jour, et qu'après il l'abandonnerait pour avoir le plaisir de la voir à ses pieds.

Dans le premier mouvement, il écrivit cette lettre :

« Tu veux que je te promette... folle, y penses-tu? Je promets tout ce que tu voudras, parce que je ne sais que t'obéir;

mais si je manque à mes sermens, je ne serai coupable ni envers Dieu ni envers toi. Si tu m'aimais, Indiana, tu ne m'imposerais pas ces cruels tourmens, tu ne m'exposerais pas à être parjure à ma parole, tu ne rougirais pas d'être ma maîtresse... mais vous croiriez vous avilir dans mes bras...»

Raymon sentit que l'aigreur perçait malgré lui; il déchira ce fragment, et après s'être donné le temps de la réflexion, il recommença :

« Vous avouez que vous avez failli perdre la raison cette nuit. Moi, je l'avais entièrement perdue. J'ai été coupable... mais non, j'ai été fou. Oubliez ces heures de souffrance et de délire. Je suis calme à présent; j'ai réfléchi, je suis encore digne de vous... Béni sois-tu, ange du ciel, pour m'avoir sauvé de moi-même, pour m'avoir rappelé comment je devais t'aimer. A présent, ordonne, Indiana, je suis ton esclave, tu le sais bien. Je donnerais ma vie pour une heure passée dans tes bras ; mais je puis souffrir toute une vie pour obtenir un de tes sourires. Je serai ton ami, ton frère, rien de plus. Si je souffre, tu ne le sauras pas. Si, près de toi, mon sang s'allume, si ma poitrine s'embrase, si un nuage passe sur mes yeux quand j'effleure ta main, si un doux baiser de tes lèvres, un baiser de sœur fait brûler mon front, je commanderai à mon sang de se calmer, à ma tête de se refroidir, à ma bouche de te respecter. Je serai doux, je serai soumis, je serai malheureux, si tu dois être plus heureuse et jouir de mes angoisses, pourvu que je te voie, que je t'entende me dire encore que tu m'aimes. Oh ! dis-le-moi ; rends-moi ta confiance et ma joie : dis-moi quand nous nous reverrons. Je ne sais ce qui a pu résulter des événemens de cette nuit ; comment se fait-il que tu ne m'en parles pas, que tu me laisses souffrir depuis ce matin ? Carle vous a vus promener tous trois dans le parc. Le colonel était malade ou triste, mais non irrité. Ce Ralph ne nous aurait donc pas trahis! Homme étrange! Mais quel fond pouvons-nous faire sur sa discrétion, et comment oserai-je me montrer encore au Lagny, maintenant que notre sort est entre ses mains? Je l'oserai pourtant. S'il faut descendre jusqu'à l'implorer, j'humilierai ma fierté d'homme, je vaincrai mon aversion, je ferai tout plutôt que de te perdre. Un mot de toi, et je chargerai ma vie d'autant de remords que j'en pourrai porter ; pour toi, j'abandonnerais ma mère elle-même; pour toi, je commettrais tous les crimes. Ah! si tu comprenais mon amour, Indiana!... »

La plume tomba des mains de Raymon : il était horriblement fatigué; il s'endormait. Il relut pourtant sa lettre pour s'assurer que ses idées n'avaient pas subi l'influence du sommeil ; mais il lui fut impossible de se comprendre, tant sa tête se ressentait de l'épuisement de ses forces. Il sonna son domestique, le chargea de partir pour le Lagny avec le jour, et dormit de ce profond et précieux sommeil dont les gens satisfaits d'eux-mêmes connaissent seuls les paisibles voluptés.

Madame Delmare ne se coucha point ; elle ne s'aperçut point de la fatigue : elle passa la nuit à écrire, et quand elle reçut la lettre de Raymon, elle y répondit à la hâte.

«Merci, Raymond, merci! vous me rendez la force et la vie. Maintenant je puis tout braver, tout supporter, car vous m'aimez, et les plus rudes épreuves ne vous effraient pas. Oui, nous nous reverrons, nous braverons tout ; Ralph fera de notre secret ce qu'il voudra, je ne m'inquiète plus de rien, tu m'aimes ; je n'ai même plus peur de mon mari.

«Vous voulez savoir où en sont nos affaires... j'ai oublié hier de vous en parler, et pourtant elles ont pris une tournure assez intéressante pour ma fortune. Nous sommes ruinés. Il est question de vendre le Lagny; il est même question d'aller vivre aux colonies... mais qu'importe tout cela ? je ne puis me résoudre à m'en occuper. Je sais bien que nous ne nous séparerons jamais... tu me l'as juré, Raymon, je compte sur ta promesse, compte sur mon courage. Rien ne m'effrayera, rien ne me rebutera ; ma place est marquée à tes côtés, et la mort seule pourra m'en arracher. »

— Exaltation de femme, dit Raymon en froissant ce billet. Les projets romanesques, les entreprises périlleuses flattent leurs faibles imaginations, comme les alimens amers réveillent l'appétit des malades. J'ai réussi, j'ai ressaisi mon empire, et quant à ces folles imprudences dont on me menace, nous verrons bien! Les voilà bien ces êtres légers et menteurs, toujours prêts à entreprendre l'impossible et se faisant de la générosité une vertu d'apparat qui a besoin du scandale! A voir cette lettre, qui croirait qu'elle compte ses baisers et lésine sur ses caresses!

Le jour même il se rendit au Lagny. Ralph n'y était point. Le colonel reçut Raymon avec amitié et lui parla avec confiance. Il l'emmena dans le parc pour être plus à l'aise, et là il lui apprit qu'il était entièrement ruiné et que la fabrique serait mise en vente dès le lendemain. Raymon fit des offres de services; Delmare refusa.

—Non, mon ami, lui dit-il, j'ai trop souffert de la pensée que je devais mon sort à l'obligeance de Ralph. Il me tardait de m'acquitter. La vente de cette propriété va me mettre à même de payer toutes mes dettes à la fois. Il est vrai qu'il ne me restera rien; mais j'ai du courage, de l'activité et la connaissance des affaires ; l'avenir est devant nous. J'ai déjà élevé une fois l'édifice de ma petite fortune, je puis le recommencer. Je le dois pour ma femme, qui est jeune et que je ne veux pas laisser dans l'indigence. Elle possède encore une chétive habitation à l'Ile-Bourbon, c'est là que je veux me retirer pour me livrer de nouveau au commerce. Dans quelques années, dans dix ans tout au plus, j'espère que nous nous reverrons....

Raymon pressa la main du colonel, souriant en lui-même de voir sa confiance en l'avenir, de l'entendre parler de dix ans comme d'un jour, lorsque son front chauve et son corps affaibli annonçaient une existence chancelante, une vie usée. Néanmoins il feignit de partager ses espérances.

— Je vois avec joie, lui dit-il, que vous ne vous laissez point abattre par ces revers; je reconnais là votre cœur d'homme, votre intrépide caractère. Mais madame Delmare montre-t-elle le même courage? ne craignez-vous pas quelque résistance à vos projets d'expatriation?

— J'en suis fâché, répondit le colonel, mais les femmes sont faites pour obéir et non pour conseiller. Je n'ai point encore annoncé définitivement ma résolution à Indiana. Je ne vois pas, sauf vous, mon ami, ce qu'elle pourrait regretter beaucoup ici; et pourtant, ne fût-ce que par esprit de contradiction, je prévois des larmes, des maux de nerfs... le diable soit des femmes!... Enfin, c'est égal, je compte sur vous, mon cher Raymon, pour faire entendre raison à la mienne. Elle a confiance en vous; employez votre ascendant à l'empêcher de pleurer : je déteste les pleurs.

Raymon promit de revenir le lendemain annoncer à madame Delmare la décision de son mari.

— C'est un vrai service que vous me rendrez, dit le colonel; j'emmenerai Ralph à la ferme afin que vous soyez libre de causer avec elle.

— Eh bien, à la bonne heure! pensa Raymon en s'en allant.

III.

Les projets de M. Delmare s'accommodaient assez avec le désir de Raymon; il prévoyait que cet amour, qui tirait à sa fin, ne lui apporterait bientôt plus que des importunités et des tracasseries : il était bien aise de voir les événemens s'arranger de manière à le préserver des suites fastidieuses et inévitables d'une intrigue épuisée. Il ne s'a-gissait plus pour lui que de profiter des der-niers momens d'exaltation de madame Del-mare, et de laisser ensuite à son destin bénévole le soin de le débarrasser de ses pleurs et de ses reproches.

Il se rendit donc au Lagny le lendemain avec l'intention d'amener à son paroxysme l'enthousiasme de cette femme malheu-reuse.

— Savez-vous, Indiana, lui dit-il en arrivant, le rôle que votre mari m'impose auprès de vous? Étrange commission en vé-rité! Il faut que je vous supplie de partir pour Bourbon, que je vous exhorte à me quitter, à m'arracher le cœur et la vie. Croyez-vous qu'il ait bien choisi son avocat

Mais la gravité sombre de madame Del-mare imposa une sorte de respect aux arti-fices de Raymon.

— Pourquoi venez-vous me parler de touceci? lui dit-elle. Craignez-vous que je me laisse ébranler? Avez-vous peur que j'obéisse? Rassurez-vous, Raymon, mon parti est pris; j'ai passé deux nuits à le retourner sur toutes les faces, je sais à quoi je m'expose, je sais ce qu'il faudra braver, ce qu'il faudra sacrifier, ce qu'il faudra mépriser; je suis prête à franchir ce rude passage de ma destinée. Ne serez-vous point mon appui et mon guide ?

Raymon fut tenté d'avoir peur de ce sang-froid et de prendre au mot ces folles menaces ; et puis il se retrancha sur l'opinion où il était qu'Indiana ne l'aimait point, et qu'elle appliquait maintenant à sa situation l'exagération de sentimens qu'elle avait puisée dans les livres. Il s'évertua à l'éloquence passionnée, à l'improvisation dramatique, afin de se maintenir au niveau de sa romanesque maîtresse, et il réussit à prolonger son erreur. Mais pour un auditeur calme et impartial, cette scène d'amour eût été la feinte théâtrale aux prises avec la réalité. L'enflure des sentimens, la poésie des idées chez Raymon, eussent semblé une froide et cruelle parodie des sentimens vrais qu'Indiana exprimait si simplement : à l'un l'esprit, à l'autre le cœur.

Raymon, qui craignait pourtant un peu l'accomplissement de ses promesses s'il ne minait pas avec adresse le plan de résistance qu'elle voulait élever, lui persuada de feindre la soumission ou l'indifférence jusqu'au moment où elle pourrait se déclarer en rébellion ouverte. Il fallait, lui dit-il, qu'ils eussent quitté le Lagny afin d'éviter le scandale vis-à-vis des domestiques, et la dangereuse intercession de Ralph dans leurs affaires.

Mais Ralph ne quitta point ses amis malheureux. En vain il offrit toute sa fortune, et son château de Bellerive, et ses rentes d'Angleterre, et la vente de ses plantations aux colonies, le colonel fut inflexible ; son amitié pour Ralph avait diminué : il ne voulait plus rien lui devoir. Ralph, avec l'esprit et l'adresse de Raymon, eût pu le fléchir peut-être ; mais quand il avait nettement déduit ses idées et déclaré ses sentimens, le pauvre baronnet croyait avoir tout dit, et il n'espérait jamais faire rétracter un refus. Alors il afferma Bellerive, et suivit M. et Mme Delmare à Paris, en attendant leur départ pour l'Ile-Bourbon.

Le Lagny fut mis en vente avec la fabrique et les dépendances. L'hiver s'écoula triste et sombre pour madame Delmare. Raymon était bien à Paris, il la voyait bien tous les jours : il était attentif, affectueux ; mais il restait à peine une heure chez elle. Il arrivait à la fin du dîner, et en même temps que le colonel sortait pour ses affaires, il sortait aussi pour aller dans le monde. Vous savez que le monde, c'était l'élément, la vie de Raymon : il lui fallait ce bruit, ce mouvement, cette foule pour respirer, pour ressaisir tout son esprit, toute son aisance, toute sa supériorité. Dans l'intimité, il savait se faire aimable ; dans le monde, il redevenait marquant. Et alors ce n'était plus l'homme d'une coterie, l'ami de tel ou tel autre, c'était l'homme de génie qui appartient à tous et pour qui la société est une patrie.

Et puis Raymon avait des principes, nous vous l'avons dit. Quand il vit le colonel lui témoigner tant de confiance et d'amitié, le regarder comme le type de l'honneur et de la franchise, l'établir comme médiateur entre sa femme et lui, il résolut de justifier cette confiance, de mériter cette amitié, de réconcilier ce mari et cette femme, de repousser toute préférence de la part de l'une qui eût pu porter préjudice au repos de l'autre. Il redevint moral, vertueux et philosophique. Vous verrez pour combien de temps.

Indiana, qui ne comprit pas cette conversion, souffrit horriblement de se voir négligée; cependant elle eut encore le bonheur de ne pas s'avouer la ruine entière de ses espérances. Elle était facile à tromper; elle ne demandait qu'à l'être, tant sa vie réelle était amère et désolée. Son mari devenait presque insociable. En public il affectait le courage et l'insouciance stoïque d'un homme de cœur; rentré dans le secret de son ménage, ce n'était plus qu'un enfant irritable, rigoriste et ridicule. Indiana était la victime de ses ennuis, et il y avait, nous l'avouerons, beaucoup de sa faute. Si elle eût élevé la voix, si elle se fût plaint avec douceur, mais avec énergie, Delmare, qui n'était que brutal, eût rougi de passer pour méchant. Rien n'était plus facile que d'attendrir son cœur et de dominer son caractere, quand on voulait descendre à son niveau et entrer dans le cercle d'idées qui étaient à la portée de son esprit. Mais Indiana était raide et hautaine dans sa soumission. Elle obéissait toujours en silence; mais c'étaient le silence et la soumission de l'esclave, qui s'est fait une vertu de la haine et un mérite de l'infortune. Sa résignation, c'était la dignité d'un roi, qui accepte des fers et un cachot plutôt que d'abdiquer sa couronne et de se dépouiller d'un vain titre. Une femme de l'espèce commune eût dominé cet homme d'une trempe vulgaire; elle eût dit comme lui, et se fût réservé le plaisir de penser autrement; elle eût feint de respecter ses préjugés, et elle les eût foulés aux pieds en secret; elle l'eût caressé et trompé. Indiana voyait beaucoup de femmes agir ainsi ; mais elle se sentait si au-dessus d'elles, qu'elle eût rougi de les imiter. Vertueuse et chaste, elle se croyait dispensée de flatter son maître dans ses paroles, pourvu qu'elle le respectât dans ses actions. Elle ne voulait point de sa tendresse, parce qu'elle n'y pouvait pas répondre. Elle se fût regardée comme bien plus coupable de témoigner de l'amour à ce mari qu'elle n'aimait pas, que d'en accorder à l'amant qui lui en inspirait. Tromper, c'était là le crime à ses yeux, et vingt fois par jour elle se sentait prête à déclarer qu'elle aimait Raymon. La crainte seule de perdre Raymon la retenait parfois ; sa froide obéissance irritait le colonel bien plus que ne l'eût fait une rébellion adroite. Si son amour-propre eût souffert de n'être pas le maître absolu dans sa maison, il souffrait bien davantage de l'être d'une façon odieuse ou ridicule. Il eût voulu convaincre, et il ne faisait que commander, régner, et il dominait. Parfois il donnait chez lui un ordre mal exprimé, ou bien il dictait sans réflexion des lois nuisibles à ses propres intérêts. Madame Delmare les faisait exécuter sans examen, sans appel, avec l'indifférence du cheval qui traîne la charrue dans un sens ou dans l'autre. Delmare, en voyant le résultat de ses idées mal prises, de ses volontés méconnues, entrait en fureur; mais, quand elle lui avait prouvé d'un mot calme et glacial qu'elle n'avait fait qu'obéir strictement à ses arrêts, il était réduit à tourner sa colère contre lui-même. C'était pour cet homme, petit d'amour-propre et violent de sensations, une souffrance cruelle, un affront sanglant.

Alors il eût tué sa femme s'il eût été à Smyrne ou au Caire. Et pourtant il l'aimait au fond du cœur, cette femme faible qui vivait sous sa dépendance et gardait le secret de ses torts avec une prudence religieuse. Il l'aimait ou il la plaignait, je ne sais lequel. Il eût voulu en être aimé, car il était vain de son éducation et de sa supériorité. Il se fût élevé à ses propres yeux si elle eût daigné s'abaisser aux siens propres, jusqu'à entrer en capitulation avec ses idées et ses principes. Lorsqu'il pénétrait chez elle le matin avec l'intention de la quereller, il la trouvait quelquefois endormie, et il n'osait pas l'éveiller. Il la contemplait en silence ; il s'effrayait de la délicatesse de sa constitution, de la pâleur de ses joues, de l'air de calme mélancolique, de malheur résigné qu'exprimait cette figure immobile et muette. Il trouvait dans ses traits mille sujets de reproche, de remords, de colère et de crainte ; il rougissait de sentir l'influence qu'un être si frêle avait exercée sur sa destinée, à lui, homme de fer, accoutumé à commander aux autres, à voir marcher à un mot de sa bouche les lourds escadrons, les chevaux fougueux, les hommes de guerre.

Une femme encore enfant l'avait donc rendu malheureux ! Elle le forçait de rentrer en lui-même, d'examiner ses volontés, d'en modifier beaucoup, d'en rétracter plusieurs, et tout cela sans daigner lui dire : Vous avez tort ; je vous prie de faire ainsi. Jamais : jamais elle ne l'avait imploré ; jamais elle n'avait daigné se montrer son égale et s'avouer sa compagne. Cette femme qu'il aurait brisée dans sa main, s'il eût voulu, elle était là, chétive, rêvant d'un autre peut-être sous ses yeux, et le bravant jusque dans son sommeil. Il était tenté de l'étrangler, de la traîner par les cheveux, de la fouler aux pieds pour la forcer à crier merci, à implorer sa grâce; mais elle était si jolie, si mignonne et si blanche qu'il se prenait à avoir pitié d'elle, comme l'enfant s'attendrit à regarder l'oiseau qu'il voulait tuer. Et il pleurait; il pleurait comme une femme cet homme de bronze, et il s'en allait pour qu'elle n'eût pas le triomphe de le voir pleurer. En vérité, je ne sais lequel était plus malheureux d'elle ou de lui. Elle était cruelle par vertu, comme il était bon par faiblesse; elle avait de trop la patience qu'il n'avait pas assez; elle avait les défauts de ses qualités, et lui les qualités de ses défauts.

Autour de ces deux êtres si mal assortis

se remuait une foule d'amis qui s'efforçaient de les rapprocher, les uns par désœuvrement d'esprit, les autres par importance de caractère, d'autres par suite d'une affection mal entendue. Les uns prenaient parti pour la femme, les autres pour le mari. Ces gens-là se querellaient entre eux, tandis que M. et madame Delmare ne se querellaient point du tout ; car, avec la systématique soumission d'Indiana, jamais, quoi qu'il fît, le colonel ne pouvait arriver à engager une dispute. Et puis venaient ceux qui n'y entendaient rien, et qui voulaient se rendre nécessaires. Ceux-là conseillaient la soumission à madame Delmare, et ne voyaient pas qu'elle n'en avait que trop ; d'autres conseillaient au mari d'être rigide, et de ne pas laisser tomber son autorité en quenouille. Ces derniers, gens épais qui se sentent si peu de chose, qu'ils craignent toujours qu'on leur marche sur le corps, et prennent fait et cause les uns pour les autres, forment une espèce que vous rencontrerez partout, qui s'embarrasse continuellement dans les jambes d'autrui, et qui fait beaucoup de bruit pour être aperçue; fourmilière qu'on écrase, mais qui salit en mourant; sorte de boue qui n'entrave pas, mais qui tache.

M. et madame Delmare avaient fait particulièrement des connaissances à Melun et à Fontainebleau. Ils retrouvèrent ces gens-là à Paris, et ce furent les plus âpres à la curée de médisance qui se faisait autour d'eux. Le peuple des petites villes est, vous le savez sans doute, la dernière classification de l'espèce humaine. Là, toujours les gens de bien sont méconnus, les esprits supérieurs sont ennemis nés du public. Faut-il prendre le parti d'un sot ou d'un manant? vous les verrez accourir. Avez-vous querelle avec quelqu'un? ils viennent y assister comme à un spectacle; ils ouvrent les paris; ils se ruent jusque sous vos semelles, tant ils sont avides de voir et d'entendre. Celui de vous qui tombera, ils le couvriront de boue et de malédiction; celui qui a toujours tort c'est le plus faible. Faites-vous la guerre aux préjugés, aux petitesses, aux vices? vous les insultez personnellement, vous les attaquez dans ce qu'ils ont de plus cher, vous êtes perfide, incisif et dangereux. Vous serez appelé en réparation devant les tribunaux par des gens dont vous ne savez pas le nom, mais que vous serez convaincu d'avoir désignés dans vos allusions malhonnêtes. Que voulez-vous que je vous dise? Épargnez-moi de vous les peindre. Si vous en rencontrez un seul, évitez de marcher sur son ombre, même au coucher du soleil quand l'ombre d'un homme a trente pieds d'étendue; tout ce terrain-là appartient à l'homme des petites villes, vous n'avez pas le droit d'y poser le pied; si vous respirez l'air qu'il respire, vous lui faites tort, vous ruinez sa santé; si vous buvez à sa fontaine, vous la desséchez; si vous alimentez le commerce de sa province, vous faites renchérir les denrées qu'il achète; si vous lui offrez du tabac, vous l'empoisonnez; si vous trouvez sa fille jolie, vous voulez la séduire; si vous vantez les vertus privées de sa femme, c'est une froide ironie : au fond du cœur vous la méprisez pour son ignorance; si vous avez le malheur de trouver un compliment à faire chez lui, il ne le comprendra pas, et il ira dire partout que vous l'avez insulté. Prenez vos pénates et transportez-les au fond des bois, au sein des landes désertes. Là seulement, et tout au plus, l'homme des petites villes vous laissera en repos.

Même derrière la multiple enceinte des murs de Paris, la petite ville vint relancer ce pauvre ménage. Des familles aisées de Fontainebleau et de Melun vinrent s'établir pour l'hiver dans la capitale, et y importèrent les bienfaits de leurs mœurs provinciales. Les coteries s'élevèrent autour de Delmare et de sa femme, et tout ce qui est humainement possible fut tenté pour empirer leur position respective : leur malheur s'en accrut, et leur mutuelle opiniâtreté n'en diminua pas.

Ralph eut le bon sens de ne pas se mêler de leurs différends. Madame Delmare l'avait soupçonné d'aigrir son mari contre elle, ou tout au moins de vouloir expulser Raymon de son intimité; mais elle reconnut bientôt l'injustice de ses accusations. La parfaite tranquillité du colonel à l'égard de M. de Ramière lui fut un témoignage irrécusable du silence de son cousin. Elle se sentit alors besoin de le remercier ; mais il évita soigneusement toute explication à cet égard chaque fois qu'elle se trouva seule avec lui ; il éluda ses tentatives et feignit de ne pas les comprendre : c'était un sujet si délicat, que madame Delmare n'eut pas le courage de forcer Ralph à l'aborder; elle tâcha seulement par ses soins affectueux, par ses attentions fines et tendres, de lui faire comprendre sa reconnaissance; mais Ralph eut l'air de n'y pas prendre garde, et la fierté d'Indiana souffrit de l'orgueilleuse générosité qu'on lui témoignait. Elle craignit de jouer le rôle d'une femme coupable qui implore l'indulgence d'un témoin sévère : elle redevint froide et contrainte avec le pauvre Ralph. Il lui sembla que sa conduite, en cette occasion, était le complément de son égoïsme; qu'il l'aimait encore, bien qu'il ne l'estimât plus ; qu'il n'avait besoin que de sa société pour se distraire des habitudes qu'elle lui avait créées dans son intérieur, des soins qu'elle lui prodiguait sans se lasser. Elle s'imagina que du reste il ne se souciait pas de lui trouver des torts envers son mari ou envers elle-même. — Voilà bien son mépris pour les femmes, pensa-t-elle; elles ne sont à ses yeux que des animaux domestiques propres à maintenir l'ordre dans une maison, à préparer les repas et à servir le thé. Il ne leur fait pas l'honneur d'entrer en discussion avec elles; leurs fautes ne peuvent pas l'atteindre, pourvu qu'elles ne lui soient point personnelles, pourvu qu'elles ne dérangent rien aux habitudes matérielles de sa vie. Ralph n'a pas besoin de mon cœur; pourvu que mes mains sachent apprêter son pudding et faire résonner pour lui les cordes de la harpe, que lui importent mon amour pour un autre, mes angoisses secrètes, mes impatiences mortelles sous le joug qui m'écrase! Je suis sa servante, il ne m'en demande pas davantage.

IV.

Indiana ne faisait plus de reproches à Raymon; il se défendait si mal qu'elle avait peur de le trouver trop coupable. Il y avait une chose qu'elle redoutait bien plus que d'être trompée ; c'était d'être abandonnée. Elle ne pouvait plus se passer de croire en lui, d'espérer l'avenir qu'il lui avait promis; car la vie qu'elle passait entre M. Delmare et M. Ralph, lui était devenue odieuse; et si elle n'eût compté se soustraire bientôt à la domination de ces deux hommes, elle se fût noyée aussi. Elle y pensait souvent; elle se disait que si Raymon la traitait comme Noun, il ne lui resterait plus d'autre ressource pour échapper à un avenir insupportable que de rejoindre Noun. Cette sombre pensée la suivait en tous lieux, et elle s'y plaisait.

Cependant l'époque fixée pour le départ approchait. Le colonel semblait fort peu s'attendre à la résistance que sa femme méditait; chaque jour il mettait ordre à ses affaires, chaque jour il se libérait d'une de ses créances : c'étaient autant de préparatifs que madame Delmare regardait d'un œil tranquille, sûre qu'elle était de son courage. Elle s'apprêtait aussi de son côté à lutter contre les difficultés. Elle chercha à se faire d'avance un appui de sa tante, madame de

Carvajal ; elle lui exprima ses répugnances pour ce voyage, et la vieille marquise, qui fondait (en tout bien tout honneur) un grand espoir d'*achalandage* pour sa société sur la beauté de sa nièce, déclara que le devoir du colonel était de laisser sa femme en France ; qu'il y aurait barbarie à l'exposer aux fatigues et aux dangers d'une traversée, lorsqu'elle jouissait depuis si peu de temps d'une meilleure santé ; qu'en un mot, c'était à lui d'aller travailler à sa fortune, à Indiana de rester auprès de sa vieille tante pour la soigner. M. Delmare considéra d'abord ces insinuations comme le radotage d'une vieille femme ; mais il fut forcé d'y accorder plus d'attention lorsque madame de Carvajal lui fit entendre clairement que son héritage était à ce prix. Quoique Delmare aimât l'argent comme un homme qui avait ardemment travaillé toute sa vie à en amasser, il avait de la fierté dans le caractère ; il se prononça avec fermeté, et déclara que sa femme le suivrait à tout risque. La marquise, qui ne pouvait croire que l'argent ne fût pas le souverain absolu de tout homme de bon sens, ne regarda pas cette réponse comme le dernier mot de M. Delmare; elle continua à encourager la résistance de sa nièce, lui promettant de la couvrir aux yeux du monde du manteau de sa responsabilité. Il fallait toute l'indélicatesse d'un esprit corrompu par l'intrigue et l'ambition, toute l'escobarderie d'un cœur déjeté par la dévotion d'apparat, pour pouvoir ainsi fermer les yeux sur les vrais motifs de rébellion d'Indiana. Sa passion pour M. de Ramière n'était plus un secret que pour son mari; mais comme Indiana n'avait point encore donné prise au scandale, on se passait le secret tout bas, et madame de Carvajal en avait reçu la confidence de plus de vingt personnes. La vieille folle en était flattée; tout ce qu'elle désirait, c'était de mettre sa nièce *à la mode* dans le monde, et l'amour de Raymon était un beau début. Ce n'était pourtant pas un caractère du temps de la régence que celui de madame de Carvajal : c'était parmi les ames viles, la plus élevée qu'on pût trouver. La Restauration avait donné une impulsion de vertu aux esprits de sa trempe, et comme la *conduite* était exigée à la cour, la marquise ne haïssait rien tant que le scandale qui perd et qui ruine. Sous madame Dubarry elle eût été moins rigide dans ses principes; sous la dauphine elle devint *collet monté*. Mais tout ceci était pour les dehors, pour les apparences; elle gardait son improbation et son mépris pour les fautes éclatantes, et pour condamner une intrigue, elle en attendait toujours le résultat. Les infidélités qui ne passaient pas le seuil de la porte trouvaient grâce devant elle. Elle redevenait Espagnole pour juger les passions en deçà de la persienne; il n'y avait de coupable à ses yeux que ce qui s'affichait dans la rue aux regards des passans. Aussi Indiana, passionnée et chaste, amoureuse et réservée, était un précieux sujet à produire et à exploiter : une femme comme elle pouvait captiver les têtes culminantes de ce monde hypocrite et résister aux dangers des plus délicates missions. Il y avait d'excellentes spéculations à tenter sur la responsabilité d'une ame si pure et d'une tête si ardente. Pauvre Indiana ! heureusement la fatalité de son destin passa toutes ses espérances et l'entraîna dans une voie de misère où l'affreuse protection de sa tante n'alla point la chercher.

Raymon ne s'inquiétait point de ce qu'elle allait devenir. Que voulez-vous ? cet amour était déjà arrivé pour lui au dernier degré du dégoût, à l'ennui. Ennuyer, c'est descendre aussi bas qu'il est possible dans le cœur de ce qu'on aime. Heureusement pour les derniers jours de son illusion, Indiana ne s'en doutait pas encore.

Un matin, en rentrant du bal, il trouva madame Delmare dans sa chambre. Elle était entrée à minuit; depuis cinq grandes heures elle l'attendait. On était aux jours les plus froids de l'année; elle était là sans feu, la tête appuyée sur ses mains, souffrant du froid et de l'inquiétude, avec cette sombre patience que le cours de sa vie lui avait enseignée. Elle releva la tête quand elle le vit entrer; et Raymon, pétrifié de surprise, ne trouva sur son visage pâle aucune expression de dépit ou de reproche.

— Je vous attendais, lui dit-elle avec douceur; comme depuis trois jours vous n'êtes pas venu, et que dans cet intervalle il s'est passé des choses dont la connaissance est impossible à différer, je suis sortie hier soir de chez moi pour venir vous les apprendre.

— C'est une imprudence incroyable, dit Raymon en refermant avec soin la porte sur lui; et mes gens qui vous savent ici! ils viennent de me le dire.

— Je ne me suis pas cachée, répondit-elle froidement, et quant au mot dont vous vous servez, je le crois mal choisi.

— J'ai dit imprudence ; c'est folie que j'aurais dû dire.

— Moi, j'aurais dit courage. Mais n'importe ; écoutez : **M.** Delmare veut partir pour Bordeaux dans trois jours, et de là pour les colonies. Il a été convenu entre vous et moi que vous me soustrairiez à la violence s'il l'employait ; il est hors de doute qu'il en sera ainsi, car je me suis prononcée hier soir, et j'ai été enfermée dans ma chambre. Je me suis échappée par une fenêtre ; voyez, mes mains sont en sang. Dans ce moment, on me cherche peut-être: mais Ralph est à Bellerive, et il ne pourra pas dire où je suis. Je suis décidée à me cacher jusqu'à ce que **M.** Delmare ait pris son parti de m'abandonner. Avez-vous songé à m'assurer une retraite, à préparer ma fuite ? Il y a si long-temps que je n'ai pu vous voir seul, que j'ignore où en sont vos dispositions ; mais un jour que je vous témoignais des doutes sur votre résolution, vous m'avez dit que vous ne conceviez pas l'amour sans la confiance ; vous m'avez fait remarquer que jamais vous n'aviez douté de moi ; vous m'avez prouvé que j'étais injuste ; et alors j'ai craint de rester au-dessous de vous si je n'abjurais ces soupçons puérils et ces mille exigences de femme qui rapetissent les amours vulgaires. J'ai supporté avec résignation la brièveté de vos visites, la gêne de nos entretiens, l'empressement que vous sembliez mettre à éviter tout épanchement avec moi ; j'ai gardé ma confiance en vous. Le ciel m'est témoin que lorsque l'inquiétude et l'épouvante me rongeaient le cœur, je les repoussais comme de criminelles pensées. Aujourd'hui, je viens chercher la récompense de ma foi ; le moment est venu, dites, acceptez-vous mes sacrifices ?

La crise était si pressante, que Raymon ne se sentit plus le courage de feindre.

— Vous êtes une folle! s'écria-t-il en se jetant sur son fauteuil. Où avez-vous rêvé l'amour? Dans quel roman à l'usage des femmes de chambre avez-vous étudié la société, je vous prie?

Puis il s'arrêta, craignant d'être trop rude et cherchant dans ses facultés intellectuelles le moyen de lui dire ces choses en d'autres termes et de la renvoyer sans outrage.

Mais elle était calme comme une personne préparée à tout entendre.

— Continuez, dit-elle en croisant ses bras sur son cœur dont les mouvemens se paralysaient par degrés, je vous écoute. Sans doute vous avez plus d'un mot à me dire.

Encore un effort d'imagination, encore une scène d'amour, pensa Raymon; et se levant avec vivacité :

— Jamais! s'écria-t-il, jamais je n'accepterai de tels sacrifices. Quand je t'ai dit que j'en aurais la force, je me suis vanté, Indiana, ou plutôt je me suis calomnié, car il n'est qu'un lâche qui puisse consentir à déshonorer la femme qu'il aime. Dans ton ignorance de la vie, tu n'as pas compris l'importance d'un pareil dessein, et moi, dans mon désespoir de te perdre, je n'ai pas voulu y réfléchir...

— La réflexion vous revient bien vite! dit-elle en lui retirant sa main qu'il voulait prendre.

— Indiana, reprit-il, ne vois-tu pas que tu m'imposes le déshonneur en te réservant l'héroïsme, et que tu me condamnes parce que je veux rester digne de ton amour? Pourrais-tu m'aimer encore, dis donc, femme ignorante et simple, si je sacrifiais ta vie à mon plaisir, ta réputation à mes intérêts?...

— Vous dites des choses bien contradictoires, dit Indiana; si en restant près de vous je vous donne du bonheur, que craignez-vous de l'opinion? Tenez-vous plus à elle qu'à moi?

— Eh! ce n'est pas pour moi que j'y tiens, Indiana!...

— C'est donc pour moi? J'ai prévu vos scrupules, et pour vous affranchir de tout remords, j'ai pris l'initiative; je n'ai pas attendu que vous vinssiez m'arracher de mon ménage, je ne vous ai pas même consulté pour franchir à jamais le seuil de ma maison. Ce pas décisif, il est fait, et votre conscience ne peut vous le reprocher. A l'heure qu'il est, Raymon, je suis déshonorée. En votre absence, j'ai compté à cette pendule les heures qui consommaient mon opprobre, et maintenant, quoique le jour naissant trouve mon front aussi pur qu'il l'était hier, je suis une femme perdue dans l'opinion publique. Hier, il y avait encore de la compassion pour moi dans le cœur des femmes; aujourd'hui il n'y aura plus que des mépris. J'ai pesé tout cela avant d'agir.

Abominable prévoyance de femme! pensa Raymon, et puis luttant contre elle comme il eût fait contre un recors qui serait venu le saisir dans ses meubles :

— Vous vous exagérez l'importance de votre démarche, lui dit-il d'un ton caressant et paternel. Non, mon amie, tout n'est pas perdu pour une étourderie. J'imposerai silence à mes gens...

— Imposerez-vous silence aux miens, qui sans doute me cherchent avec anxiété dans ce moment-ci? Et mon mari? pensez-vous qu'il me garde paisiblement le secret? Pensez-vous qu'il veuille me recevoir demain, quand j'aurai passé toute une nuit sous votre toit? Me conseillerez-vous de retourner me mettre à ses pieds et de lui demander, en signe de grâce, qu'il veuille bien me remettre au cou la chaîne sous laquelle s'est brisée ma vie et flétrie ma jeunesse? Vous consentiriez sans regret à voir rentrer sous la domination d'un autre cette femme que vous aimiez tant, quand vous êtes maître de son sort, quand vous pouvez la garder toute votre vie dans vos bras, quand elle est là en votre pouvoir, vous offrant d'y rester toujours? Vous n'auriez pas quelque répugnance, quelque frayeur à la rendre tout à l'heure à ce maître implacable qui ne l'attend peut-être que pour la tuer?

Une idée rapide traversa le cerveau de Raymon. Le moment était venu de dompter cet orgueil de femme, ou il ne viendrait jamais. Elle venait lui offrir tous les sacrifices dont il ne voulait pas, et elle se tenait là devant lui avec la confiance hautaine qu'elle n'y courait d'autres dangers que ceux qu'elle avait prévus. Raymon imaginait un moyen de se débarrasser de son importun dévouement ou d'en tirer quelque chose. Il était trop l'ami de Delmare, il devait trop d'égards à la confiance de cet homme pour lui ravir sa femme; il devait se contenter de la séduire.

— Tu as raison, mon Indiana, s'écria-t-il avec feu, tu me rends à moi-même, tu réveilles mes transports que l'idée de tes dangers et la crainte de te nuire avaient glacés. Pardonne à ma puérile sollicitude et comprends tout ce qu'elle renferme de tendresse et de véritable amour. Mais ta douce voix fait frémir tout mon sang, tes paroles brûlantes versent du feu dans mes veines ; pardonne, pardonne-moi d'avoir pu songer à autre chose qu'à cet ineffable instant où je te possède ; laisse-moi oublier tous les dangers qui nous pressent, et te remercier à genoux du bonheur que tu m'apportes ; laisse-moi vivre tout entier dans cette heure de délices que je passe à tes pieds et que tout mon sang ne payerait pas. Qu'il vienne donc te ravir à mes transports, ce mari stupide qui t'enferme et s'endort sur sa grossière violence ! qu'il vienne t'arracher de mes bras, toi mon bien, ma vie ! Désormais tu ne lui appartiens plus ; tu es mon amante, ma compagne, ma maîtresse...

En parlant ainsi, Raymon s'exalta peu

à peu, comme il avait coutume de faire en *plaidant* ses passions. La situation était puissante, romanesque ; elle offrait des dangers qui la relevaient de tout le piquant du drame à la mode. Raymon aimait le péril en véritable descendant d'une race de preux. Chaque bruit qu'il entendait dans la rue, lui semblait être l'approche du mari venant réclamer sa femme et le sang de son rival. Chercher les voluptés de l'amour dans les émotions excitantes d'une telle position, était un plaisir digne de Raymon. Pendant un quart d'heure il aima passionnément madame Delmare ; il lui prodigua les séductions d'une éloquence brûlante ; il l'accabla de ces ardentes caresses qu'un homme jeune trouve toujours suaves et pénétrantes sur le sein d'une belle femme, sans être obligé de l'aimer au delà de l'accès de fièvre morale qu'elle lui inspire. Il fut vraiment puissant dans son langage et vrai dans son jeu. Cet homme dont la tête ardente traitait l'amour comme un art d'agrément. Il joua la passion à s'y tromper lui-même, et honte à cette femme imbécile ! Elle s'abandonna avec délices à ces trompeuses démonstrations ; elle se sentit heureuse, elle rayonna d'espérance et de joie ; elle pardonna tout, elle faillit tout accorder.

Mais Raymon se perdit lui-même par trop de précipitation. S'il eût porté l'art jusqu'à prolonger la situation où Indiana était venue se risquer, vingt-quatre heures de plus, elle était à lui peut-être. Mais le jour se levait vermeil et brillant; il jetait des torrens de lumière dans l'appartement, et le bruit du dehors croissait avec lui. Raymon lança un regard à la pendule qui marquait sept heures. Il est temps d'en finir, pensa-t-il; d'un instant à l'autre Delmare peut arriver, et il faut qu'auparavant je la détermine à rentrer de bon gré chez elle. Il devint plus pressant et moins tendre; la pâleur de ses lèvres trahissait le tourment d'une impatience plus impérieuse que délicate. Il y avait de la brusquerie et presque de la colère dans ses baisers. Indiana eut peur. Un bon ange étendit ses ailes sur cet ame chancelante et troublée; elle se réveilla, et repoussa les attaques du vice égoïste et froid.

— Laissez-moi, dit-elle, je ne veux pas céder par faiblesse ce que je veux pouvoir accorder par amour ou par reconnaissance. Vous ne pouvez pas avoir besoin de preuves de mon affection; c'en est une assez grande que ma présence ici, et je vous apporte l'avenir avec moi. Mais laissez-moi garder toute la force de ma conscience pour lutter contre les obstacles qui nous séparent encore; j'ai besoin de stoïcisme et de calme.

— De quoi me parlez-vous? dit avec colère Raymon qui ne l'écoutait pas, et qui s'indignait de sa résistance; et perdant tout-à-fait la tête dans cet instant de souffrance et de dépit, il la repoussa rudement, marcha dans la chambre la poitrine oppressée, la tête en feu; puis il prit une carafe et avala un grand verre d'eau qui calma tout d'un coup son délire et refroidit son amour. Alors il la regarda ironiquement, et lui dit : Allons, Madame, il est temps de vous retirer.

Un rayon de lumière vint enfin éclairer Indiana, et lui montrer à nu l'ame de Raymon.

— Vous avez raison, dit-elle; et elle se dirigea vers la porte.

— Prenez donc votre manteau et votre boa, lui dit-il en l'arrêtant.

— Il est vrai, répondit-elle, ces traces de ma présence pourraient vous compromettre.

— Vous êtes un enfant, lui dit-il d'un ton patelin, en lui mettant son manteau avec un soin puéril; vous savez bien que je vous aime; mais vraiment vous prenez plaisir à me torturer, et vous me rendrez fou. Attendez que j'aille demander un fiacre. Si je le pouvais, je vous reconduirais jusque chez vous; mais ce serait vous perdre.

— Et croyez-vous donc que je ne sois pas déjà perdue! dit-elle avec amertume....

— Non, ma chérie, répondit Raymon, qui ne demandait plus qu'à lui persuader de le laisser tranquille. On ne s'est pas aperçu de votre absence, puisqu'on n'est pas encore venu vous demander ici. Quoiqu'on m'eût soupçonné le dernier, il était naturel d'aller faire des perquisitions chez toutes les personnes de votre connaissance. Et puis, vous pouvez aller vous mettre sous la protection de votre tante ; c'est même le parti que je vous conseille de prendre ; elle conciliera tout. Vous serez censée avoir passé la nuit chez elle....

Madame Delmare n'écoutait pas : elle regardait d'un air stupide le soleil large et rouge qui montait sur un horizon de toits étincelans. Raymon essaya de la tirer de cette préoccupation. Elle reporta ses yeux sur lui, mais elle sembla ne pas le reconnaître. Ses joues avaient une teinte verdâtre, et ses lèvres sèches semblaient paralysées.

Raymon eut peur. Il se rappela le suicide de l'autre ; et dans son effroi, ne sachant que devenir, craignant d'être deux fois criminel à ses propres yeux, mais se sentant trop épuisé d'esprit pour réussir à la tromper encore, il l'assit doucement sur son fauteuil, l'enferma, et monta à l'appartement de sa mère.

V.

Il la trouva éveillée; elle avait coutume de se lever de bonne heure, par suite des habitudes d'activité laborieuse qu'elle avait contractées dans l'émigration, et qu'elle n'avait point perdues en recouvrant son opulence.

En voyant Raymon pâle, agité, entrer si tard chez elle en costume de bal, elle comprit qu'il se débattait contre une des crises fréquentes de sa vie orageuse. Elle avait toujours été sa ressource et son salut dans ces agitations dont la trace n'était restée douloureuse et profonde que dans son cœur de mère. Sa vie s'était flétrie et usée de tout ce que la vie de Raymon avait acquis et recouvré. Le caractère de ce fils impétueux et froid, raisonneur et passionné, était une conséquence de son inépuisable amour et de sa tendresse généreuse pour lui. Il eût été meilleur avec une mère moins bonne; mais elle l'avait habitué à profiter de tous les sacrifices qu'elle consentait à lui faire; elle lui avait appris à établir et à vouloir son propre bien-être aussi ardemment, aussi fortement qu'elle le voulait. Parce qu'elle se croyait faite pour le préserver de tout chagrin, et pour lui immoler tous ses intérêts, il s'était accoutumé à croire que le monde entier était fait pour lui, et devait venir se placer dans sa main à un mot de sa mère. A force de générosité, elle n'avait réussi qu'à former un cœur égoïste.

Elle pâlit, cette pauvre mère, et, se soulevant sur son lit, elle le regarda avec anxiété. Son regard lui disait déjà : Que puis-je faire pour toi? où faut-il que je coure ?

— Ma mère, lui dit-il en saisissant la main sèche et diaphane qu'elle lui tendait, je suis horriblement malheureux, j'ai besoin de vous. Délivrez-moi des maux qui m'assiégent. J'aime madame Delmare, vous le savez.....

— Je ne le savais pas, dit madame de Ramière d'un ton de tendre reproche.

— Ne cherchez pas à le nier, ma bonne mère, dit Raymon qui n'avait pas de temps à perdre ; vous le saviez, et votre admirable délicatesse vous empêchait de m'en parler la première. Eh bien! cette femme me met au désespoir, et ma tête se perd.

— Parle donc, dit madame de Ramière avec la vivacité juvénile que lui donnait l'ardeur de son amour maternel.

— Je ne veux rien vous cacher, d'autant plus que cette fois je ne suis pas coupable. Depuis plusieurs mois je cherche à calmer sa tête romanesque et à la ramener à ses devoirs; mais tous mes soins ne servent qu'à irriter cette soif de dangers, ce besoin d'aventures qui fermentent dans le cerveau des femmes de son climat. A l'heure où je vous parle, elle est ici, dans ma chambre, malgré moi, et je ne sais comment la décider à en sortir.

— Malheureuse enfant! dit madame de Ramière en s'habillant à la hâte. Elle si timide et si douce! Je vais la voir, lui parler; c'est bien cela que tu viens me demander, n'est-ce pas?

— Oh oui! dit Raymon que la tendresse

de sa mère attendrissait sur lui-même ; allez lui faire entendre le langage de la raison et de la bonté. Elle aimera sans doute la vertu dans votre bouche ; elle se rendra peut-être à vos caresses ; elle reprendra de l'empire sur elle-même, l'infortunée ! Elle souffre tant !

Raymon se jeta dans un fauteuil et se mit à pleurer, tant les émotions diverses de cette matinée avaient agité ses nerfs. Sa mère pleura avec lui, et ne se décida à descendre qu'après l'avoir forcé de prendre quelques gouttes d'éther.

Elle trouva Indiana qui ne pleurait pas, et qui se leva d'un air calme et digne en la reconnaissant. Elle s'attendait si peu à cette contenance noble et forte, qu'elle se sentit embarrassée devant cette jeune femme, comme si elle lui eût manqué d'égards en venant la surprendre dans la chambre de son fils.

Alors elle céda à la sensibilité profonde et

vraie de son cœur, et elle lui tendit les bras avec effusion. Madame Delmare s'y jeta ; son désespoir se brisa en sanglots amers, et ces deux femmes pleurèrent long-temps dans le sein l'une de l'autre.

Mais quand madame de Ramière voulut parler, Indiana l'arrêta.

— Ne me dites rien, Madame, lui dit-elle en essuyant ses larmes, vous ne trouveriez aucune parole qui ne me fît du mal. Votre intérêt et vos caresses suffisent à me prouver votre généreuse affection et à soulager mon cœur autant qu'il peut l'être ; maintenant je me retire ; je n'ai pas besoin de vos instances pour comprendre ce que j'ai à faire.

— Aussi ne suis-je pas venue pour vous renvoyer, mais pour vous consoler, dit madame de Ramière.

— Je ne puis être consolée, répondit-elle en l'embrassant ; aimez-moi, cela me fera un peu de bien ; mais ne me parlez pas.

Adieu, Madame ; vous croyez en Dieu, priez-le pour moi.

— Vous ne vous en irez pas seule, s'écria madame de Ramière, je veux vous reconduire moi-même chez votre mari, vous justifier, vous défendre et vous protéger.

— Généreuse femme ! dit Indiana en la pressant sur son cœur, vous ne le pouvez pas. Vous ignoriez seule le secret de Raymon ; tout Paris en parlera ce soir, et vous joueriez un rôle déplacé dans cette histoire. Laissez-moi en supporter seule le scandale, je n'en souffrirai pas long-temps.

— Que voulez-vous dire ? Commettriez-vous le crime d'attenter à votre vie ? Chère enfant, vous aussi vous croyez en Dieu.

— Aussi, Madame, je pars pour l'Ile-Bourbon dans trois jours !

— Viens dans mes bras, ma fille chérie, viens que je te bénisse. Dieu récompensera ton courage....

— Je l'espère, dit Indiana, en regardant le ciel.

Madame de Ramière voulut au moins envoyer chercher une voiture; mais Indiana s'y opposa. Elle voulait rentrer seule et sans bruit. En vain la mère de Raymon s'effraya de la voir, si affaiblie et si bouleversée, entreprendre à pied cette longue course.

— J'ai de la force, lui répondit-elle; une parole de Raymon a suffi pour m'en donner.

Elle s'enveloppa dans son manteau, baissa son voile de dentelle noire, et sortit de l'hôtel par une issue dérobée dont madame de Ramière lui montra le chemin. Aux premiers pas qu'elle fit dans la rue, elle sentit ses jambes tremblantes prêtes à lui refuser le service; il lui semblait à chaque instant sentir la rude main de son mari furieux, la saisir, la renverser et la traîner dans le ruisseau. Mais bientôt le bruit du dehors, l'insouciance des figures qui se croisaient autour d'elle, et le froid pénétrant du matin, lui rendirent la force et la tranquillité ; mais une force douloureuse et une tranquillité morne, semblable à celle qui s'étend sur les eaux de la mer et dont s'effraie le matelot clairvoyant plus que des soulèvemens de la tempête. Elle descendit le quai, depuis l'Institut jusqu'au Corps-Législatif; mais elle oublia de traverser le pont, et continua à longer la rivière, absorbée dans une rêverie stupide, dans une méditation sans idées, et poursuivant l'action sans but de marcher devant elle.

Insensiblement elle se trouva au bord de l'eau qui charriait des glaçons à ses pieds et les brisait avec un bruit sec et froid sur les pierres taillées de ses rives. Cette eau verdâtre et frémissante exerçait une force attractive sur les sens d'Indiana. On s'accoutume aux idées terribles; à force de les admettre, on s'y plaît. Il y avait si long-temps que l'exemple du suicide de Noun apaisait les heures de son désespoir, qu'elle s'était fait du suicide une sorte de volupté tentatrice. Une seule pensée, une pensée religieuse l'avait empêchée de s'y arrêter définitivement; mais dans cet instant, aucune pensée complète ne gouvernait plus son cerveau épuisé. Elle se rappelait à peine que Dieu existât, que Raymon eût existé ; et elle marchait, se rapprochant toujours de la rive, obéissant à l'instinct du malheur et au magnétisme de la souffrance.

Quand elle sentit le froid cuisant de l'eau qui baignait déjà sa chaussure, elle s'éveilla comme d'un somnambulisme ; et cherchant des yeux où elle était, elle vit Paris derrière elle et la Seine qui fuyait sous ses pieds, emportant dans sa masse huileuse le reflet blanc des maisons et le bleu grisâtre du ciel. Ce mouvement continu de l'eau et l'immobilité du sol se confondirent dans ses perceptions troublées, et il lui sembla que l'eau dormait et que la terre fuyait. Dans ce moment de vertige, elle s'appuya contre un mur, et se pencha, fascinée, vers ce qu'elle prenait pour une masse solide... Mais les aboiemens d'un chien qui bondissait autour d'elle, vinrent la distraire et apporter quelques instans de retard à l'accomplissement de son dessein. Alors, un homme qui accourait, guidé par la voix du chien, la saisit par le corps, l'entraîna, et la déposa sur les débris d'un bateau abandonné à la rive. Elle le regarda en face et ne le reconnut pas. Il se mit à ses pieds, détacha son manteau dont il l'enveloppa, prit ses mains dans les siennes pour les réchauffer et l'appela par son nom ; mais son cerveau était trop faible pour faire un effort. Depuis quarante-huit heures elle avait oublié de manger.

Cependant, lorsque la chaleur revint un peu dans ses membres engourdis, elle vit Ralph à genoux devant elle qui tenait ses mains et épiait dans ses yeux le retour de sa raison.

— Avez-vous rencontré Noun ? lui dit-elle.

Puis elle ajouta, égarée par son idée fixe :

— Je l'ai vue passer sur ce chemin (et elle montrait la rivière). J'ai voulu la suivre ; mais elle allait trop vite, et je n'avais pas la force de marcher. C'était comme un cauchemar.

Ralph la regardait avec une douleur stupide. Lui aussi, il sentait sa tête se briser et son cerveau se fendre.

— Allons-nous-en, lui dit-il.

— Allons-nous-en, répondit-elle ; mais auparavant, cherchez mes pieds que j'ai égarés là, sur ces cailloux.

Ralph s'aperçut qu'elle avait les pieds mouillés et paralysés par le froid. Il l'emporta dans ses bras jusqu'à une maison hospitalière, où les soins d'une bonne femme lui rendirent la connaissance. Pendant ce temps, Ralph envoya prévenir M. Delmare que sa femme était retrouvée; mais le colonel n'était point rentré chez lui lorsque cette nouvelle y arriva. Il continuait ses recherches avec une rage d'inquiétude et de colère. Ralph, mieux avisé, s'était rendu déjà chez M. de Ramière ; mais il avait trouvé Raymon ironique et froid, qui venait de se mettre au lit. Alors il avait pensé à Noun, et il avait suivi la rivière dans un sens, tandis que son domestique l'explorait dans l'autre. Ophélia avait saisi aussitôt la trace de sa maîtresse, et elle avait guidé rapidement sir Ralph au lieu où il l'avait trouvée.

Lorsqu'Indiana ressaisit la mémoire de ce qui s'était passé pendant cette nuit misérable, elle chercha vainement à retrouver celle des instans de son délire. Elle n'aurait donc pu expliquer à son cousin quelles pensées la dominaient une heure auparavant. Mais il les devina, et comprit l'état de son cœur sans l'interroger. Seulement il lui prit la main et lui dit d'un ton doux, mais solennel :

— Ma cousine, j'exige de vous une promesse. C'est le dernier témoignage d'amitié dont je vous importunerai.

— Parlez, répondit-elle; vous obliger est le dernier bonheur qui me reste.

— Eh bien! jurez-moi, reprit Ralph, de ne plus avoir recours au suicide sans m'en prévenir. Je vous jure, moi, sur l'honneur de ne m'y opposer en aucune manière. Je ne tiens qu'à être averti; quant au reste, je m'en soucie aussi peu que vous, et vous savez que j'ai eu souvent la même idée...

— Pourquoi me parlez-vous de suicide? dit madame Delmare; je n'ai jamais voulu attenter à ma vie. Je crains Dieu, sans cela!...

— Tout à l'heure, Indiana, quand je vous ai saisie dans mes bras, quand cette pauvre bête (et il caressait Ophélia) vous a retenue par votre robe, vous aviez oublié Dieu, et par conséquent tout l'univers, votre cousin Ralph comme les autres...

Une larme vint au bord de la paupière

d'Indiana. Elle lui pressa la main :

— Pourquoi m'avez-vous arrêtée? lui dit-elle; je serais maintenant dans le sein de Dieu, car je n'étais pas coupable, je n'avais pas la conscience de ce que je faisais...

— Je l'ai bien vu, et j'ai pensé qu'il valait mieux se donner la mort avec réflexion. Nous en reparlerons si vous voulez...

Indiana tressaillit. La voiture qui les conduisait s'arrêta devant la maison où elle devait retrouver son mari. Elle n'eut pas la force de monter les escaliers; Ralph la porta jusque dans sa chambre. Tout leur domestique était réduit à une femme de service, qui était allée commenter la fuite de madame Delmare dans le voisinage, et à Lelièvre qui, en désespoir de cause, avait été s'informer à la Morgue des cadavres apportés dans la matinée. Ralph resta donc auprès de madame Delmare pour la soigner. Elle était en proie à de vives souffrances, lorsque la sonnette rudement ébranlée annonça le retour du colonel. Un frisson de terreur et de haine parcourut tout son sang. Elle prit brusquement le bras de son cousin :

— Écoutez, Ralph, lui dit-elle, si vous avez un peu d'attachement pour moi, vous m'épargnerez la vue de cet homme dans l'état où je suis. Je ne veux pas lui faire pitié. J'aime mieux sa colère que sa compassion... N'ouvrez pas, ou renvoyez-le ; dites-lui que l'on ne m'a pas retrouvée...

Ses lèvres tremblaient, ses bras se contractaient avec une énergie convulsive pour retenir Ralph. Partagé entre deux sentimens contraires, le pauvre baronnet ne savait quel parti prendre. Delmare secouait la sonnette à la briser, et sa femme était mourante sur son fauteuil.

— Vous ne songez qu'à sa colère, dit enfin Ralph, vous ne songez pas à ses tourmens, à son inquiétude ; vous croyez toujours qu'il vous hait... Si vous aviez vu sa douleur ce matin !...

Indiana laissa retomber son bras avec accablement, et Ralph alla ouvrir.

— Elle est ici? cria le colonel en entrant. Mille sabords de Dieu! j'ai assez couru pour la retrouver; je lui suis fort obligé du joli métier qu'elle me fait faire! Le ciel la confonde! Je ne veux pas la voir, car je la tuerais.

—Vous ne songez pas qu'elle vous entend, répondit Ralph à voix basse. Elle est dans un état à ne pouvoir supporter aucune émotion pénible. Modérez-vous.

—Vingt-cinq mille malédictions! hurla le colonel, j'en ai bien supporté d'autres, moi, depuis ce matin. Bien m'a pris d'avoir les nerfs comme des câbles. Où est, s'il vous plaît, le plus froissé, le plus fatigué, le plus justement malade d'elle ou de moi? Et où l'avez-vous trouvée? que faisait-elle? Elle est cause que j'ai outrageusement traité cette vieille folle de Carvajal qui me faisait des réponses ambiguës, et s'en prenait à moi de cette belle équipée.... Malheur ! je suis éreinté !

En parlant ainsi de sa voix rauque et dure, Delmare s'était jeté sur une chaise dans l'antichambre ; il essuyait son front baigné de sueur malgré le froid rigoureux de la saison ; il racontait en jurant ses fatigues, ses anxiétés, ses souffrances ; il faisait mille questions, et heureusement il n'écoutait pas la réponse, car le pauvre Ralph ne savait pas mentir, et il ne voyait rien dans ce qu'il avait à raconter qui pût apaiser le colonel. Il restait assis sur une table, impassible et muet comme s'il eût été absolument étranger aux angoisses de ces deux personnes, et cependant plus malheureux de leurs chagrins qu'elles-mêmes.

Madame Delmare, en entendant les imprécations de son mari, se sentit plus forte qu'elle ne s'y attendait. Elle aimait mieux ce courroux qui la réconciliait avec elle-même, qu'une générosité qui eût excité ses remords. Elle essuya la dernière trace de ses larmes, et rassembla un reste de force qu'elle ne s'inquiétait pas d'épuiser en un jour, tant la vie lui pesait. Quand son mari l'aborda d'un air impérieux et dur, il changea tout d'un coup de visage et de ton, et se trouva contraint devant elle, mâté par la supériorité de son caractère. Il essaya alors d'être digne et froid comme elle; mais il n'en put jamais venir à bout.

—Daignerez-vous m'apprendre, Madame, lui dit-il, où vous avez passé la matinée et peut-être la nuit?

Ce *peut-être* apprit à madame Delmare que son absence avait été signalée assez tard. Son courage s'en augmenta.

—Non, Monsieur, répondit-elle, mon intention n'est pas de vous le dire.

Delmare verdit de colère et de surprise.

—En vérité, dit-il d'une voix chevrotante, vous espérez me le cacher!

—J'y tiens fort peu, répondit-elle d'un

ton glacial. Si je refuse de vous répondre, c'est absolument pour la forme. Je veux vous convaincre que vous n'avez pas le droit de m'adresser cette question.

— Je n'en ai pas le droit, mille couleuvres! Qui donc est le maître ici, de vous ou de moi? qui donc porte une jupe et doit filer une quenouille? Prétendez-vous m'ôter la barbe du menton? Cela vous sied bien, femmelette!

— Je sais que je suis l'esclave et vous le seigneur. La loi de ce pays vous a fait mon maître. Vous pouvez lier mon corps, garotter mes mains, gouverner mes actions. Vous avez le droit du plus fort, et la société vous le confirme ; mais ma volonté, Monsieur, vous n'y pouvez rien : Dieu seul peut la courber et la réduire. Cherchez donc une loi, un cachot, un instrument de supplice qui vous donne prise sur elle! c'est comme si vous vouliez manier l'air et saisir le vide.

— Taisez-vous, sotte et impertinente créature, vos phrases de roman nous ennuient.

— Vous pouvez m'imposer silence, mais non m'empêcher de penser.

— Orgueil imbécile, morgue de vermisseau! vous abusez de la pitié qu'on a de vous! Mais vous verrez bien qu'on peut dompter ce grand caractère sans se donner beaucoup de peine.

— Je ne vous conseille pas de le tenter. Votre repos en souffrirait, votre dignité d'homme n'y gagnerait rien.

— Vous croyez! dit-il en lui meurtrissant la main entre son index et son pouce.

— Je le crois, dit-elle sans changer de visage.

Ralph fit deux pas, prit le bras du colonel dans sa main de fer, et le fit ployer comme un roseau, en lui disant d'un ton pacifique :

— Je vous prie de ne pas toucher à un cheveu de cette femme.

Delmare eut envie de le souffleter. Mais il sentit qu'il avait tort et il ne craignait rien tant au monde que de rougir de lui-même. Il le repoussa en se contentant de lui dire :

— Mêlez-vous de vos affaires.

Puis revenant à sa femme :

— Ainsi, Madame, lui dit-il en serrant ses bras contre sa poitrine pour résister à la tentation de la frapper, vous entrez en révolte ouverte contre moi, vous refusez de me suivre à l'Ile-Bourbon, vous voulez vous séparer. Eh bien, mordieu ! moi aussi...

— Je ne le veux plus, répondit-elle. Je le voulais hier, c'était ma volonté, ce ne l'est plus ce matin. Vous avez usé de violence en m'enfermant dans ma chambre. J'en suis sortie par la fenêtre pour vous prouver que ne pas régner sur la volonté d'une femme c'est exercer un empire dérisoire. J'ai passé quelques heures hors de votre domination ; j'ai été respirer l'air de la liberté pour vous montrer que vous n'êtes pas moralement mon maître, et que je ne dépends que de moi sur la terre. En me promenant, j'ai réfléchi que je devais à mon devoir et à ma conscience de revenir me placer sous votre patronage. Je l'ai fait de mon plein gré. Mon cousin m'a *accompagnée* ici, et non pas *ramenée*. Si je n'eusse pas voulu le suivre, il n'aurait pas su m'y contraindre, vous l'imaginez bien. Ainsi, Monsieur, ne perdez pas votre temps à discuter avec ma conviction; vous ne l'influencerez jamais, vous en avez perdu le droit dès que vous avez voulu y prétendre. Occupez-vous du départ; je suis prête à vous aider et à vous suivre, non pas parce que telle est votre volonté, mais parce que telle est mon intention. Vous pouvez me commander; mais je n'obéirai jamais qu'à moi-même.

— J'ai pitié du dérangement de votre esprit, dit le colonel en haussant les épaules.

Et il se retira dans sa chambre pour mettre en ordre ses papiers ; fort satisfait au dedans de lui de la résolution de madame Delmare, et ne redoutant plus d'obstacles; car il respectait la parole de cette femme autant qu'il méprisait ses idées.

VI.

Raymon, cédant à la fatigue, s'était endormi profondément après avoir reçu fort sèchement sir Ralph qui était venu prendre des informations chez lui. Lorsqu'il s'éveilla, un sentiment de bien-être inonda son ame en songeant que la crise principale de cette aventure était enfin passée. Depuis longtemps il avait prévu qu'un instant viendrait le mettre aux prises avec cet amour de femme, qu'il faudrait batailler sa liberté contre les exigences d'une passion romanesque, et il s'encourageait d'avance à combattre de telles prétentions. Il avait donc franchi, enfin, ce pas difficile; il avait dit *non*. Il ne serait plus besoin d'y revenir, car les choses s'étaient passées pour le mieux. Indiana n'avait pas trop pleuré, pas trop insisté. Elle s'était montrée raisonnable, elle avait compris au premier mot, elle avait pris son parti vite et fièrement.

Raymon était fort content de sa providence, car il en avait une à lui, à laquelle il croyait en bon fils et sur laquelle il comptait pour arranger toutes choses au détriment des autres, plutôt qu'au sien propre. Elle l'avait si bien traité jusque-là, qu'il ne voulait pas douter d'elle. Prévoir le résultat de ses fautes et s'en inquiéter, c'eût été à ses yeux commettre le crime d'ingratitude envers le dieu bon qui veillait sur lui.

Il se leva très-fatigué encore des efforts d'imagination auxquels l'avaient contraint les circonstances de cette scène pénible. Sa mère rentra ; elle venait de s'informer auprès de madame de Carvajal de la santé et de la disposition d'esprit de madame Delmare. La marquise ne s'en était point inquiétée ; elle était pourtant dans un très-grand chagrin quand madame de Ramière l'interrogea adroitement. Mais la seule chose qui l'eût frappée dans la disparition de madame Delmare, c'était le scandale qui allait en résulter. Elle se plaignit très-amèrement de sa nièce, que la veille elle élevait aux nues ; et madame de Ramière comprit que par cette démarche, la malheureuse Indiana s'était aliéné à jamais sa parente et privée du seul appui naturel qui lui restât.

Pour qui eût connu le fond de l'ame de la marquise, ce n'eût pas été une grande perte. Mais madame de Carvajal passait même aux yeux de madame de Ramière pour une vertu irréprochable. Sa jeunesse avait été enveloppée des mystères de la prudence ou perdue dans le tourbillon favorable des révolutions. La mère de Raymon pleura sur le sort d'Indiana et chercha à l'excuser ; mais madame de Carvajal lui dit avec aigreur qu'elle n'était peut-être pas assez désintéressée dans cette affaire pour en juger.

— Mais que deviendra donc cette malheureuse jeune femme? dit madame de Ramière. Si son mari l'opprime, qui la protégera?

— Elle deviendra ce qu'il plaira à Dieu, répondit la marquise ; pour moi, je ne m'en mêle plus, et je ne veux jamais la revoir.

Madame de Ramière, inquiète et bonne, résolut de savoir, à tout prix, des nouvelles de madame Delmare. Elle se fit conduire au bout de la rue qu'elle habitait, et envoya un domestique questionner le concierge, en lui recommandant de tâcher de voir sir Ralph, s'il était dans la maison. Elle attendit le résultat de cette tentative dans sa voiture, et bientôt Ralph lui-même vint l'y trouver.

La seule personne peut-être qui jugeât bien Ralph, c'était madame de Ramière; quelques mots suffirent entre eux pour comprendre la part mutuelle d'intérêt sincère et pur qu'ils avaient dans cette affaire. Ralph raconta ce qui s'était passé dans la matinée, et comme il n'avait que des soupçons sur les circonstances de la nuit, il ne chercha pas à les confirmer. Mais madame de Ramière crut devoir l'informer de ce qu'elle en savait, le mettant de moitié dans son désir de rompre cette liaison funeste et impossible. Ralph, qui se sentait plus à l'aise devant elle qu'il ne l'était vis-à-vis de personne, laissa paraître sur ses traits une altération profonde en recevant cette confidence.

—Vous dites, Madame, murmura-t-il en

réprimant comme un frisson nerveux qui parcourut ses veines, qu'elle a passé la nuit dans votre hôtel?

— Une nuit solitaire et douloureuse sans doute. Raymon, qui n'était certes pas coupable de complicité, n'est rentré qu'à six heures; et à sept il est venu me trouver pour m'engager à calmer l'esprit de cette malheureuse enfant.

— Elle voulait quitter son mari! elle voulait se perdre d'honneur! reprit Ralph les yeux fixes et dans une étrange préoccupation de cœur : elle l'aime donc bien, cet homme indigne d'elle !.....

Ralph oubliait qu'il parlait à la mère de Raymon.

— Je m'en doutais bien depuis longtemps, continua-t-il; pourquoi n'ai-je pas prévu le jour où elle consommerait sa perte! Je l'aurais tuée auparavant.

Ce langage dans la bouche de Ralph surprit étrangement madame de Ramière; elle croyait parler à un homme calme et indulgent, et elle se repentit d'en avoir cru les apparences.

— Mon Dieu! dit-elle avec effroi, la jugerez-vous donc aussi sans miséricorde? l'abandonnerez-vous comme sa tante? Êtes-vous donc tous sans pitié et sans pardon? Ne lui restera-t-il pas un ami, après une faute dont elle a déjà tant souffert?

— Ne craignez rien de pareil de ma part, Madame, répondit Ralph. Il y a six mois que je sais tout, et je n'ai rien dit. J'ai surpris leur premier baiser, et je n'ai point jeté M. de Ramière à bas de son cheval; j'ai croisé souvent dans les bois leurs messages d'amour, et je ne les ai point déchirés à coups de fouet. J'ai rencontré M. de Ramière sur le pont qu'il traversait pour aller la trouver; c'était la nuit; nous étions seuls, et je suis fort quatre fois comme lui; pourtant je n'ai pas jeté cet homme dans la rivière, et quand, après l'avoir laissé fuir, j'ai découvert qu'il avait trompé ma vigilance, qu'il s'était introduit chez elle; au lieu d'enfoncer les portes et de le lancer par la fenêtre, j'ai été paisiblement les avertir de l'approche du mari, et sauver la vie de l'un, afin de sauver l'honneur de l'autre. Vous voyez bien, Madame, que je suis clément et miséricordieux. Ce matin, je tenais cet homme sous ma main, je savais bien qu'il était la cause de tous nos maux, et si je n'avais pas le droit de l'accuser sans preuves, j'avais au moins le pouvoir de lui chercher dispute pour son air arrogant et railleur. Eh bien ! j'ai supporté ses dédains insultans, parce que je savais que sa mort tuerait Indiana ; je l'ai laissé se rendormir sur l'autre flanc, tandis qu'Indiana, mourante et folle, était au bord de l'eau, prête à rejoindre l'autre victime... Vous voyez, Madame, que je pratique la patience avec les gens que je hais, et l'indulgence avec ceux que j'aime.

Madame de Ramière, assise dans sa voiture vis-à-vis de Ralph, le contemplait avec une surprise mêlée de frayeur. Il était si différent de ce qu'elle l'avait toujours vu, qu'elle pensa presque à la possibilité d'une subite aliénation mentale. L'allusion qu'il venait de faire à la mort de Noun la confirmait dans cette idée, car elle ignorait absolument cette histoire, et prenait les mots échappés à l'indignation de Ralph pour un fragment de pensée étrangère à son sujet. Il était en effet dans une de ces situations violentes qui se présentent au moins une fois dans la vie des hommes les plus raisonnables, et qui tiennent de si près à la folie, qu'un degré de plus les porterait à la fureur. Sa colère était cependant pâle et concentrée comme celle des tempéramens froids; mais elle était profonde comme celle des ames nobles, et l'étrangeté de cette disposition phénoménale chez lui en rendait l'aspect terrible.

Madame de Ramière prit sa main et lui dit avec douceur :

— Vous souffrez beaucoup, mon cher monsieur Ralph, car vous me faites du mal sans remords; vous oubliez que l'homme dont vous me parlez est mon fils, et que ses torts, s'il en a, doivent déchirer mon cœur encore plus que le vôtre.

Ralph revint aussitôt à lui-même, et, baisant la main de madame de Ramière avec une effusion d'amitié dont le témoignage était presque aussi rare que celui de sa colère :

— Pardonnez-moi, Madame, lui dit-il; vous avez raison, je souffre beaucoup, et j'oublie ce que je devrais respecter. Oublier l'amertume que je viens de laisser paraître, mon cœur saura la renfermer encore.

Madame de Ramière, quoique rassurée par cette réponse, gardait une secrète inquiétude en voyant la haine profonde que Ralph nourrissait pour son fils. Elle essaya de l'excuser aux yeux de son ennemi; mais il l'arrêta.

— Je devine vos pensées, Madame, lui dit-il ; mais rassurez-vous, nous ne sommes pas destinés à nous revoir de sitôt, M. de Ramière et moi. Quant à ma cousine, ne vous repentez pas de m'avoir éclairé. Si tout le monde l'abandonne, je jure qu'au moins un ami lui restera.

Madame de Ramière, en rentrant chez elle vers le soir, trouva Raymon qui chauffait voluptueusement ses pieds enveloppés de pantoufles de cachemire, et qui prenait du thé pour achever de dissiper les agitations nerveuses de la matinée. Il était encore abattu de ces prétendues émotions. Mais de douces pensées d'avenir ravivaient son ame ; il se sentait enfin redevenu libre, et il se livrait entièrement à de béates méditations sur ce précieux état qu'il avait habitude de garder si mal.

— Pourquoi suis-je destiné, se disait-il, à m'ennuyer sitôt de cette ineffable liberté d'esprit qu'il me faut toujours racheter si chèrement! Quand je me sens pris aux piéges d'une femme, il me tarde de les rompre, afin de reconquérir mon repos et ma tranquillité d'ame. Que je sois maudit si j'en fais le sacrifice de sitôt! Les chagrins que m'ont suscités ces deux créoles me serviront d'avertissement, et je ne veux plus avoir affaire qu'à de légères et moqueuses Parisiennes... à de véritables femmes du monde. Peut-être ferais-je bien de me marier pour faire une fin, comme on dit...

Il était plongé dans ces bourgeoises et commodes pensées quand sa mère entra émue et fatiguée.

— Elle se porte mieux, lui dit-elle ; tout s'est bien passé, j'espère qu'elle se calmera...

— Qui? demanda Raymon, réveillé en sursaut dans ses châteaux en Espagne.

Cependant il réfléchit le lendemain qu'il lui restait encore une tâche à remplir ; c'était de regagner l'estime, sinon l'amour de cette femme. Il ne voulait pas qu'elle pût se vanter de l'avoir quitté ; il voulait qu'elle se persuadât avoir cédé à l'ascendant de sa raison et de sa générosité ; il voulait la dominer encore après l'avoir repoussée ; et il lui écrivit :

« Je ne viens pas vous demander pardon,
» mon amie, de quelques paroles cruelles
» ou audacieuses échappées au délire de mes
» sens. Ce n'est pas dans le désordre de la
» fièvre qu'on peut former une idée com-
» plète, et l'exprimer d'une manière con-
» venable. Ce n'est pas ma faute si je ne suis
» pas un dieu, si je ne puis maîtriser au-
» près de vous l'ardeur de mon sang qui
» bouillonne, si ma tête s'égare, si je de-
» viens fou. Peut-être aurais-je le droit de
» me plaindre du féroce sang-froid avec le-
» quel vous m'avez condamné à d'affreuses
» tortures sans jamais en prendre même pi-
» tié ; mais ce n'est pas votre faute non
» plus. Vous étiez trop parfaite pour jouer

» en ce monde le rôle que nous, créatures
» vulgaires, soumises aux passions humaines,
» esclaves de notre organisation grossière.
» Je vous l'ai dit souvent, Indiana, vous
» n'êtes pas femme, et quand j'y songe
» dans le calme de mes pensées, vous êtes
» un ange. Je vous adore dans mon cœur
» comme une divinité. Mais, hélas! auprès
» de vous souvent, le *vieil homme* a repris
» ses droits. Souvent sous le souffle em-
» baumé de vos lèvres un feu cuisant est
» venu dévorer les miennes; souvent, quand,
» me penchant vers vous, mes cheveux ont
» effleuré les vôtres, un frisson d'indicible
» volupté a parcouru toutes mes veines, et
» alors j'ai oublié que vous étiez une éma-
» nation du ciel, un rêve des félicités éter-
» nelles, un ange détaché du sein de Dieu
» pour guider mes pas en cette vie, et pour
» me raconter les joies d'une autre exis-
» tence. Pourquoi, pur esprit, avais-tu pris
» la forme tentatrice d'une femme ? Pour-

» quoi, ange de lumière, avais-tu revêtu
» les séductions de l'enfer? Souvent j'ai cru
» tenir le bonheur dans mes bras, et tu
» n'étais que la vertu!

» Pardonnez-moi ces regrets coupables,
» mon amie, je n'étais pas digne de vous;
» et peut-être, si vous eussiez consenti à
» descendre jusqu'à moi, eussions-nous été
» plus heureux l'un et l'autre. Mais mon in-
» fériorité vous a fait continuellement souf-
» frir, et vous m'avez fait des crimes des
» vertus que vous aviez.

» Et maintenant que vous m'absolvez, j'en
» suis certain, car la perfection implique la
» miséricorde, laissez-moi élever encore la
» voix vers vous pour vous remercier et
» vous bénir. Vous remercier!.... Oh non!
» Ma vie, ce n'est pas le mot, car mon ame
» est plus déchirée que la vôtre du courage
» qui vous arrache de mes bras. Mais je vous
» admire; et, tout en pleurant, je vous fé-
» licite. Oui, mon Indiana, ce sacrifice hé-

» roïque, vous avez trouvé la force de l'ac
» complir. Il m'arrache le cœur et la vie;
» il désole mon avenir; il ruine mon exis-
» tence. Eh bien! je vous aime encore assez
» pour le supporter sans me plaindre, car
» mon bonheur n'est rien, c'est le vôtre qui
» est tout. Mon honneur, je vous le sacri-
» fierais mille fois; mais le vôtre m'est
» plus cher que toutes les joies que vous
» m'auriez données. Oh non! je n'eusse pas
» joui d'un tel sacrifice. En vain j'aurais es-
» sayé de m'étourdir à force d'ivresse et de
» transports; en vain vous m'eussiez ouvert
» vos bras, pour m'enivrer des voluptés cé-
» lestes, le remords serait venu m'y chercher;
» il aurait empoisonné tous mes jours, et
» j'aurais été plus humilié que vous du mé-
» pris des hommes. O Dieu! vous voir abais-
» sée et flétrie par moi! vous voir déchue
» de cette vénération qui vous entoure!
» vous voir insultée dans mes bras, et ne
» pouvoir laver cette offense! car en vain

» j'eusse versé tout mon sang pour vous,
» je vous eusse vengée peut-être, mais ja-
» mais justifiée. Mon ardeur à vous défen-
» dre eût été contre vous une accusation de
» plus, ma mort une preuve irrécusable de
» votre crime. Pauvre Indiana, je vous au-
» rais perdue! Oh que je serais malheureux!
 » Partez donc, ma bien-aimée ; allez
» sous un autre ciel recueillir les fruits de
» la vertu et de la religion. Dieu nous ré-
» compensera d'un tel effort, car Dieu est
» bon. Il nous réunira dans une vie plus heu-
» reuse, et peut-être même..... mais cette
» pensée est encore un crime; pourtant je
» ne peux pas me défendre d'espérer!.....
» Adieu, Indiana, adieu ; vous voyez bien
» que notre amour est un forfait!... Hélas!
» mon ame est brisée. Où trouverai-je la
» force de vous dire adieu? »

Raymon porta lui-même cette lettre chez madame Delmare ; mais elle se renferma

dans sa chambre et refusa de le voir. I
quitta donc cette maison après avoir gliss
sa lettre à la femme de service et embrass
cordialement le mari. En laissant derrièr
lui la dernière marche de l'escalier, il s
sentit plus léger qu'à l'ordinaire, le temp
était plus doux, les femmes plus belles, l
boutiques plus étincelantes : ce fut un bea
jour dans la vie de Raymon.

Madame Delmare serra la lettre toute c
chetée dans un coffre qu'elle ne devait ou
vrir qu'aux colonies. Elle voulut aller di
adieu à sa tante. Sir Ralph s'y opposa av
une obstination absolue. Il avait vu m
dame de Carvajal ; il savait qu'elle voul
accabler Indiana de reproches et de mépri
il s'indignait de cette hypocrite sévérité,
ne supportait pas l'idée que madame De
mare allât s'y exposer.

Le jour suivant, au moment où Delma
et sa femme allaient monter en diligenc
Ralph leur dit avec son aplomb accoutum

—Je vous ai souvent fait entendre, mes amis, que je désirais vous suivre ; mais vous avez refusé de me comprendre ou de me répondre. Voulez-vous me permettre de partir avec vous ?

— Pour Bordeaux ? dit M. Delmare.

— Pour Bourbon, répondit M. Ralph.

— Vous n'y songez pas, reprit M. Delmare ; vous ne pouvez ainsi transporter votre établissement au gré d'un ménage dont l'avenir est incertain et la situation précaire; ce serait abuser lâchement de votre amitié que d'accepter le sacrifice de toute votre vie et l'abnégation de votre position sociale. Vous êtes riche, jeune, libre ; il faut vous remarier, vous créer une famille...

— Il ne s'agit pas de cela, répondit froidement sir Ralph. Comme je ne sais pas envelopper mes idées dans des mots qui en altèrent le sens, je vous dirai franchement ce que je pense. Il m'a semblé que depuis six mois votre amitié à tous deux s'était refroidie à mon égard ; peut-être ai-je eu des torts que l'épaisseur de mon jugement m'a empêché d'apercevoir. Si je me trompe, un mot de vous suffira pour me rassurer. Permettez-moi de vous suivre ; si j'ai démérité auprès de vous, il est temps de me le dire; vous ne devez pas, en m'abandonnant, me laisser le remords de n'avoir pas réparé mes fautes.

Le colonel fut si ému de cette naïve et généreuse ouverture, qu'il oublia toutes les susceptibilités d'amour-propre qui l'avaient éloigné de son ami. Il lui tendit la main, lui jura que son amitié était plus sincère que jamais, et qu'il ne refusait ses offres que par discrétion.

Madame Delmare gardait le silence. Ralph fit un effort pour obtenir un mot de sa bouche.

— Et vous, Indiana, lui dit-il d'une voix étouffée, avez-vous encore de l'amitié pour moi?

Ce mot réveilla toute l'affection filiale, tous les souvenirs d'enfance, toute l'habitude d'intimité qui unissaient leurs cœurs. Ils se jetèrent en pleurant dans les bras l'un de l'autre, et Ralph faillit s'évanouir ; car dans ce corps robuste, dans ce tempérament calme et réservé, fermentaient des sensations puissantes. Il s'assit pour ne pas tomber, resta quelques instans silencieux et pâle ; puis il saisit la main du colonel dans une des siennes et celle de sa femme dans l'autre.

— A cette heure de séparation peut-être éternelle, leur dit-il, soyez francs avec moi. Vous refusez ma proposition de vous accompagner à cause de moi et non à cause de vous?

— Je vous jure, sur l'honneur, dit Delmare, qu'en vous refusant je sacrifie mon bien-être au vôtre.

— Pour moi, dit Indiana, vous savez que je voudrais jamais ne vous quitter.

— A Dieu ne plaise que je doute de votre sincérité dans un pareil moment, répondit Ralph; votre parole me suffit, je suis content de vous deux.

Et il disparut.

Six semaines après, le brick *la Coraly* mettait à la voile dans le port de Bordeaux. Ralph avait écrit à ses amis qu'il serait dans cette ville vers les derniers jours de leur station; mais ils l'attendirent vainement, et le canon donna le signal du départ sans que Ralph eût paru. Un sentiment pénible et quelques pressentimens sinistres vinrent ajouter à la douleur morne qui pesait sur l'ame d'Indiana lorsque les dernières maisons du port s'effacèrent dans la verdure de la côte. Elle frémit de songer qu'elle était désormais seule dans l'univers avec ce mari qu'elle haïssait, qu'il faudrait vivre et mourir avec lui sans un ami pour la consoler, sans un parent pour la protéger contre sa domination violente...

Mais en se retournant, elle vit sur le pont, derrière elle, la paisible et bienveillante figure de Ralph qui lui souriait.

— Tu ne m'abandonnes donc pas, toi? lui dit-elle en se jetant à son cou toute baignée de larmes.

— Jamais! répondit Ralph en la pressant sur sa poitrine.

VII.

Si vous n'avez vu jusqu'ici, dans cette véridique histoire, qu'une œuvre de caprice et d'imagination, vous allez me reprocher de n'avoir pas jeté dans cet aride récit un peu de poésie et de grâce; car l'occasion se présente, et pourtant je la néglige. Je m'abstiens des richesses de mon sujet. J'ai refusé de vous faire l'autopsie d'une femme noyée, je me refuse maintenant à vous peindre la mer des Indes et les montagnes bleues de l'Ile-Bourbon, la plus belle mer, la plus belle contrée du monde sous le ciel le plus pur et le plus beau; c'est que, voyez-vous, je n'ai pas le temps. Il me faudrait plus d'espace que ne m'en laissent les dimensions de ce chétif ouvrage pour vous peindre les rives agitées de Saint-Denis, les flancs sublimes du cône immense qui s'élève dans les airs et domine la masse bleue de l'Océan indien, de sa masse bleue vivement tranchée sur l'azur du ciel. Il me faudrait tout un livre pour vous décrire Saint-Paul et ses bigarrures de feuillages, ses terrasses de manguiers, ses rizières parfumées, et son dôme de montagnes rayées d'un vert tendre. J'aime mieux ne vous rien dire de ces lieux enchantés, que de ne pas vous en dire assez; j'aime mieux ne vous y pas conduire, que de vous y faire faire quelques pas pour vous ramener ensuite au souffle lourd et brûlant d'un été sans parfums, renfermé dans la prison dévorante de vos villes de pierre. Et puis, la tâche cruelle d'historien du cœur m'interdit les douceurs d'une suave digression dans le champ magique de ces souvenirs. Attaché sur ma roue, il faut que je tourne avec elle. Le stoïque démon de la philosophie m'interdit l'entrée des savanes enchantées et me ramène à coups de fouet dans l'ornière de la civilisation.

Il faut, misérable conteur, qu'au lieu d'égarer vos rêveries et les miennes sur cette terre nouvelle où le repos et l'oubli semblent attendre l'exilé, je vous entretienne du souvenir maudit de la vieille Europe. Il faut que je déflore cette nature virginale pour y poursuivre l'examen de l'esprit de l'homme, arrivé au dernier degré de savoir, de douleur et d'obscurité. Il faut que, par un monstrueux contraste, j'amène dans ces lieux enchantés des cœurs brisés, tristes débris que la société, trop pleine, rejette comme son écume et envoie mourir au désert. Il faut qu'au lieu de vous décrire les lacs où la *mouette rieuse* baigne ses palmes couleur de rose, et les gorges maritimes où le *paille-en-queue* déploie ses *brins* argentés sur la cime des rocs, au lieu de vous parler de liberté, de soleil et de solitude, je vous ramène au triste tableau des misères sociales, et que je vous montre les besoins, les désirs et les passions humaines aux prises avec les nécessités de la vie légale.

LETTRE

DE MADAME DELMARE A M. DE RAMIÈRE.

De l'Ile-Bourbon, 3 juin 18..

« J'avais résolu de ne plus vous fatiguer de mon souvenir; mais, en arrivant ici, en lisant la lettre que vous me fîtes tenir la veille de mon départ de Paris, je sens que je vous dois une réponse ; car dans la crise d'une horrible douleur, j'avais été trop loin, je m'étais méprise sur votre compte, et je vous dois une réparation, non comme *amant*, mais comme *homme*.

» Pardonnez-le moi, Raymon, dans cet affreux moment de ma vie, je vous pris pour un monstre. Un seul mot, un seul regard de vous ont banni à jamais toute confiance, tout espoir de mon ame. Je sais que je ne puis plus être heureuse, mais j'espère encore n'être pas réduite à vous mépriser; ce serait pour moi le dernier coup.

» Oui, je vous pris pour un lâche, pour ce qu'il y a de pire dans le monde, pour un *égoïste*. J'eus horreur de vous. J'eus regret que Bourbon ne fût pas assez loin pour vous fuir, et l'indignation me donna la force de vivre jusqu'à la lie.

» Mais, depuis que j'ai lu votre lettre, je

me sens mieux. Je ne vous regrette pas, mais je ne vous hais plus, et je ne veux pas laisser dans votre vie le remords d'avoir détruit la mienne. Soyez heureux, soyez insouciant; oubliez-moi; je vis encore, et peut-être vivrai-je long-temps!...

» Au fait, vous n'êtes pas coupable; c'est moi qui fus insensée. Votre cœur n'était pas aride, mais il m'était fermé. Vous ne m'avez pas menti, c'est moi qui me suis trompée. Vous n'étiez ni parjure ni insensible, seulement vous ne m'aimiez pas.

» Oh! mon Dieu! vous ne m'aimiez pas! Comment donc fallait-il vous aimer?... Mais je ne descendrai pas à me plaindre; je ne vous écris pas pour empoisonner d'un souvenir maudit le repos de votre vie présente; je ne viens pas non plus implorer votre compassion pour des maux que j'ai la force de porter seule; connaissant mieux le rôle qui me convient, je viens au contraire vous absoudre et vous pardonner.

» Je ne m'amuserai pas à réfuter votre lettre; ce serait trop facile. Je ne répondrai pas à vos observations sur mes devoirs. Soyez tranquille, Raymon, je les connais, et je ne vous aimais pas assez peu pour les violer sans réflexion. Il n'est pas nécessaire de m'apprendre que le mépris des hommes eût été le prix de ma faute; je le savais bien. Je n'ignorais pas que la tache serait profonde, indélébile, cuisante; que je serais repoussée de toutes parts, maudite, couverte de boue, et que je ne trouverais plus un seul ami pour me plaindre et me consoler. La seule erreur où j'étais tombée, c'était la confiance que vous m'ouvririez vos bras et que là vous m'aideriez à oublier et le mépris, et la misère, et l'abandon. La seule chose que je n'eusse pas prévue, c'est que vous refuseriez peut-être mon sacrifice après me l'avoir laissé consommer. Je m'étais imaginée que cela ne se pouvait pas. J'allais chez vous avec la prévision que vous me repousseriez d'abord par principe et par devoir, mais avec la conviction qu'en apprenant les conséquences inévitables de ma démarche, vous vous croiriez forcé de m'aider à les supporter. Non, en vérité, je n'aurais jamais pensé que vous m'abandonneriez seule aux suites d'une si périlleuse résolution, et que vous m'en laisseriez recueillir les fruits amers, au lieu de me recevoir dans votre sein et de me faire un rempart de votre amour.

» Comme je les eusse défiées, alors, ces lointaines rumeurs d'un monde impuissant à me nuire! comme j'aurais bravé la haine, forte de votre affection! comme le remords eût été faible, et comme la passion que vous m'eussiez inspirée eût étouffé sa voix! Occupée de vous seul, je me serais oubliée; fière de votre cœur, je n'aurais pas eu le temps de rougir du mien. Un mot de vous, un regard, un baiser, eussent suffi pour m'absoudre, et le souvenir des hommes et des lois n'eût pas pu trouver sa place dans une pareille vie : c'est que moi j'étais une folle ; c'est que, selon votre expression cynique, j'avais appris la vie dans des romans à l'usage des femmes de chambre, dans ces riantes et puériles fictions où l'on intéresse votre cœur au succès de folles entreprises et d'impossibles félicités ; où l'on place sans cesse des personnages vrais dans des situations fausses, des ames existantes dans des voies fictives ; si bien que l'esprit crédule et le cœur ardent se laissent prendre à ces chimères, et s'apprêtent toutes les déceptions de la vie réelle. C'est horriblement vrai, Raymon, ce que vous avez dit là ; ce qui m'épouvante et me terrasse, c'est que vous avez raison.

» Ce que je ne m'explique pas aussi bien, c'est que l'impossibilité n'ait pas été égale pour nous deux ; c'est que moi, faible femme, j'aie puisé dans l'exaltation de mes sentimens la force de me placer seule dans une situation d'invraisemblance et de roman ; et que vous, homme de cœur, vous n'ayez pas trouvé dans votre volonté celle de m'y suivre. Pourtant, vous aviez partagé ces rêves d'avenir; vous aviez consenti à ces illusions décevantes; vous aviez nourri en moi cet espoir impossible à réaliser. Depuis longtemps vous écartiez mes projets d'enfant, mes ambitions de pygmée avec le sourire au front et la joie dans les yeux; et vos paroles étaient toutes d'amour et de reconnaissance. Vous aussi vous fûtes aveugle, imprévoyant, fanfaron. Comment se fait-il que la raison ne vous soit revenue qu'à la vue du danger? Moi, je croyais que le danger fascinait les yeux, exaltait la résolution, enivrait la peur; et voilà que vous avez tremblé au moment de la crise! N'avez-vous donc, vous autres, que le courage physique qui affronte la mort? n'êtes-vous pas capable de celui de l'esprit qui accepte le malheur? Vous qui expliquez tout si admirablement, expliquez-moi cela, je vous prie

» C'est peut-être que votre rêve n'était pas comme le mien ; c'est que chez moi le courage c'était l'amour. Vous vous étiez imaginé que vous m'aimiez, et vous vous êtes réveillé, surpris d'une telle erreur, le jour où je marchai confiante à l'abri de la mienne. Grand Dieu! quelle étrange illusion fut la vôtre, puisque vous ne prévîtes pas alors tous les obstacles qui vous frappèrent au moment d'agir! puisque vous m'en avez dit le premier mot quand il n'était plus temps!

» Pourquoi vous ferais-je des reproches à présent ? Est-on responsable des mouvemens de son cœur ? A-t-il dépendu de vous de m'aimer toujours ? Non sans doute. Le tort est à moi de n'avoir pas su vous plaire plus long-temps et plus réellement. J'en cherche la cause et ne la trouve point dans mon cœur. Mais enfin elle existe apparemment. Peut-être vous ai-je trop aimé ; peut-être ma tendresse fut importune et fatigante. Vous étiez homme, par conséquent vous aimiez l'indépendance et le plaisir. Je fus un fardeau pour vous. J'essayai quelquefois d'assujettir votre vie. Hélas! ce furent là des torts bien chétifs pour un si cruel abandon!

» Jouissez-en donc, de cette liberté rachetée aux dépens de toute mon existence, je ne la troublerai plus. Pourquoi ne me donnâtes-vous pas plus tôt la cruelle leçon dont je profite aujourd'hui? Le mal eût été moins grand pour moi, et pour vous aussi peut-être.

» Soyez heureux, c'est le dernier vœu que formera mon cœur brisé. Ne m'exhortez plus à penser à Dieu; laissez ce soin aux prêtres qui ont à émouvoir le cœur endurci des coupables. Pour moi, j'ai plus de foi que vous; je ne sers pas le même dieu, mais je le sers mieux et plus purement. Le vôtre, c'est le dieu des hommes, c'est le roi, le fondateur et l'appui de votre race; le mien, c'est le dieu de l'univers, le créateur, le soutien et l'espoir de toutes les créatures : le vôtre a tout fait pour vous seuls ; le mien a fait toutes les espèces les unes pour les autres. Vous vous croyez le maître du monde, je crois que vous n'en êtes que le tyran. Vous pensez que Dieu vous protége et vous autorise à usurper l'empire de la terre ; moi je pense qu'il le souffre pour un peu de temps, et qu'un jour viendra où, comme des grains de sable, son souffle vous dispersera. — Non, Raymon, vous ne connaissez pas Dieu, ou plutôt laissez-moi vous dire ce que Ralph vous disait un jour au Lagny : c'est que vous ne croyez à rien. Votre éducation, et le besoin que vous avez d'un pouvoir irrécusable pour l'opposer à la brutale puissance du peuple, vous ont fait adopter sans examen les croyances de vos pères ; mais ce sentiment de l'existence de Dieu n'a point passé jusqu'à votre cœur ; jamais peut-être vous ne l'avez prié. Moi, je n'ai qu'une croyance, et la seule sans doute que vous n'ayez pas. Je crois en lui ; mais la religion que vous avez inventée, je la repousse; toute votre morale, tous vos principes, ce sont les intérêts de votre société que vous avez érigés en lois et que vous prétendez faire émaner de Dieu même, comme vos prêtres ont institué les rites du culte pour établir leur puissance et leur richesse sur les nations. Mais tout cela est mensonge et impiété. Moi qui l'invoque, moi qui le comprends, je sais bien qu'il n'y a rien de commun entre lui et vous; et c'est en m'attachant à lui de toute ma force, que je m'isole de vous qui tendez sans cesse à renverser ses ouvrages et à souiller ses dons. Allez, il vous sied mal d'invoquer son nom pour anéantir la résistance d'une faible femme, pour étouffer la plainte d'un cœur déchiré. Dieu ne veut pas qu'on opprime et qu'on écrase les créatures de ses mains. S'il daignait faire descendre son intervention dans nos chétifs intérêts, il briserait le fort et relèverait le faible ; il passerait sa grande main sur nos têtes inégales et les nivellerait comme les eaux de la mer ; il dirait à l'esclave : Jette ta chaîne et fuis sur les monts où j'ai mis pour toi des eaux, des fleurs et du soleil. Il dirait aux rois : Jetez la pourpre aux mendians pour leur servir de natte, et allez dormir dans les vallées où j'ai étendu pour vous des tapis de mousse et de bruyère. Il dirait aux puissans : Courbez le genou et portez le fardeau de vos frères débiles, car désormais vous aurez besoin d'eux, et je leur donnerai la force et le courage. Oui, voilà mes rêves, ils sont tous d'une autre vie, d'un autre monde, où la loi du brutal n'aura point passé sur la tête du pacifique, où du moins la résistance et la fuite ne seront pas des crimes, où l'homme pourra échapper à l'homme, comme la gazelle échappe à la panthère, sans que la chaîne des lois soit tendue autour de lui pour le forcer à venir se jeter sous les pieds de son ennemi ; sans que la voix du préjugé s'élève, dans sa détresse pour insulter à ses souffrances, et lui dire : Vous serez lâche et vil pour n'avoir pas voulu fléchir et ramper.

» Non, ne me parlez pas de Dieu, vous surtout, Raymon; n'invoquez pas son nom pour m'envoyer à l'exil et me réduire au silence. En me soumettant, c'est au pouvoir des hommes que je cède. Si j'écoutais la voix que Dieu a mise au fond mon cœur et ce noble instinct d'une nature forte et hardie, qui peut-être est la vraie conscience, je fuirais au désert, je saurais me passer d'aide, de protection et d'amour; j'irais vivre pour moi seule au fond de nos belles montagnes; j'oublierais les tyrans, les injustes et les ingrats. Mais, hélas! l'homme ne peut se passer de son semblable, et Ralph lui-même ne peut pas vivre seul.

» Adieu, Raymon, puissiez-vous vivre heureux sans moi! Je vous pardonne le mal que vous me faites. Parlez quelquefois de moi à votre mère, la meilleure femme que j'aie connue. Sachez bien qu'il n'y a contre vous ni dépit ni vengeance dans mon cœur ; ma douleur est digne de l'amour que j'eus pour vous.

» INDIANA. »

⊙⊙⊙

L'infortunée se vantait. Cette douleur profonde et calme n'était que le sentiment de sa propre dignité, lorsqu'elle s'adressait à Raymon ; mais seule, elle se livrait en liberté à son impétuosité dévorante. Parfois, cependant, je ne sais quelles lueurs d'espoir aveugle et stupide venaient briller à ses yeux troublés. Moi, je crois qu'elle ne perdit jamais un reste de confiance en l'amour de Raymon, malgré les cruelles leçons de l'expérience, malgré les terribles pensées qui chaque jour lui ramenaient la froideur et la paresse de cet homme quand il ne s'agissait plus pour lui de ses intérêts ou de ses plaisirs. Je crois que si Indiana eût voulu comprendre la sèche vérité, elle n'eût pas traîné jusque-là un reste de vie épuisée et flétrie.

La femme est imbécile par nature; il semble que, pour contrebalancer l'éminente supériorité que ses délicates perceptions lui donnent sur nous, le ciel ait mis à dessein dans son cœur une vanité aveugle, une idiote crédulité. Il ne s'agit peut-être, pour s'emparer de cet être si subtil, si souple et si pénétrant, que de savoir manier la louange et chatouiller l'amour-propre. Parfois les hommes les plus incapables d'un ascendant quelconque sur les autres hommes en exercent un sans bornes sur l'esprit des femmes. La flatterie est le joug qui courbe ces têtes ardentes et légères. Malheur à l'homme qui veut porter la franchise dans l'amour! il aura le sort de Ralph.

Voilà ce que je vous répondrais si vous me disiez qu'Indiana est un caractère d'exception, et que la femme ordinaire n'a dans la résistance conjugale ni cette stoïque froideur ni cette patience désespérante. Je vous dirais de regarder au revers de la médaille et de voir la misérable faiblesse, l'inepte aveuglement dont elle fait preuve avec Raymon. Je vous demanderais où vous avez trouvé une femme qui ne fût pas aussi habile à tromper que facile à l'être ; qui ne sût pas renfermer dix ans au fond de son cœur le secret d'une espérance risquée légèrement un jour de délire, et qui ne redevînt pas, aux bras d'un homme, aussi puérilement facile qu'elle sait être invincible et forte aux bras d'un autre.

VIII.

L'intérieur de madame Delmare était cependant devenu plus paisible. Avec les amis avaient disparu beaucoup des difficultés qui sous la main féconde de ces officieux médiateurs s'envenimaient jadis de toute la chaleur de leur zèle. Sir Ralph, avec son silence et sa non-intervention apparente, était plus habile qu'eux tous à laisser tomber ces riens de la vie intime qui se ballonnent au souffle obligeant de l'amitié. Indiana vivait, d'ailleurs, presque toujours seule. Son habitation était située dans les montagnes au-dessus de la ville, et chaque matin M. Delmare, qui avait acheté un entrepôt de marchandises sur le port, allait pour tout le jour s'occuper de son commerce avec l'Inde et la France. Sir Ralph, qui n'avait d'autre domicile que le leur, mais qui trouvait le moyen d'y répandre l'aisance sans qu'on s'aperçût de ses dons, s'occupait de l'étude de l'histoire naturelle, ou surveillait les travaux de la plantation; Indiana, revenue aux nonchalantes habitudes de la vie créole, passait les heures brûlantes du jour dans son hamac, et celles de ses longues soirées dans la solitude des montagnes. Quoique je me sois rigidement interdit tout accessoire de luxe descriptif, je serai forcé, à propos de mes personnages, de vous dire en passant quelques mots sur la nature de ce pays. Vous me permettrez d'être à cet égard concis autant que possible, afin de ne point perdre de vue un seul instant le but de ce récit authentique.

Bourbon n'est, à vrai dire, qu'un cône immense dont la base occupe une circonférence d'environ 40 lieues, et dont les gigantesques *pitons*, couverts d'une neige éternelle, s'élèvent à la hauteur de seize cents toises. C'est vous dire que de presque tous les points de cette masse imposante l'œil découvre au loin derrière les roches aiguës, derrière les vallées étroites et les forêts verticales, l'horizon plane que la mer embrasse de sa ceinture bleue. Des fenêtres de sa chambre Indiana apercevait entre deux pointes de roches, grâce à l'échancrure d'une montagne boisée dont le versant répondait à celle où l'habitation était située, les voiles blanches qui croisaient sur l'Océan Indien. Durant les heures silencieuses de la journée, ce spectacle aimantait ses regards et donnait à sa mélancolie une teinte de désespoir uniforme et fixe. Cette vue splendide, loin de jeter sa poétique influence dans ses rêveries, les rendait amères et sombres; alors elle baissait le store de pagne de raphia qui garnissait sa croisée, et se cachait du jour même pour répandre dans le secret de son cœur des larmes âcres et brûlantes.

Mais quand vers le soir la brise de mer commençait à s'élever et à lui apporter le parfum des rizières fleuries, elle s'enfonçait dans la savane, laissant Delmare et Ralph savourer sous la varangue l'aromatique infusion du *faham*, et distiller lentement la fumée de leurs cigaritos. Alors elle allait du haut de quelque piton accessible, cratère éteint d'un ancien volcan, regarder le soleil couchant qui embrasait la vapeur rouge de l'atmosphère, et répandait comme une poussière d'or et de rubis sur les cimes murmurantes des cannes à sucre, sur les étincelantes parois des récifs. Rarement elle descendait dans les gorges de la *rivière aux galets*, parce que la vue de la mer, tout en lui faisant mal, l'avait fascinée de son mirage magnétique. Il lui semblait qu'au-delà de ces vagues et de ces brumes lointaines la magique apparition d'une autre terre allait se révéler à ses regards. Et vraiment quelquefois les nuages de la côte prirent pour elle des formes fantastiques ; tantôt elle vit une lame blanche s'élever sur les flots et décrire une ligne gigantesque qu'elle prit pour la façade du Louvre ; tantôt ce furent deux voiles carrées qui, sortant tout à coup de la brume, offraient le souvenir des tours de Notre-Dame de Paris quand la Seine exhale un brouillard compacte qui embrasse leur base et les fait paraître comme suspendues dans le ciel ; d'autres fois c'étaient des flocons de nuées roses qui dans leurs formes, changeantes présentaient tous les caprices d'architecture d'une ville immense. L'esprit de cette femme s'endormait dans les illusions du passé, et elle se prenait à palpiter de joie à la vue de ce Paris imaginaire dont les réalités avaient signalé le temps le plus malheureux de sa vie. Un étrange vertige s'emparait alors de sa tête. Suspendue à une étourdissante élévation au-dessus du sol de la côte, et voyant fuir sous ses yeux les gorges qui la séparaient de l'Océan, il lui semblait être lancée dans cet espace par un mouvement rapide, et cheminer dans l'air vers la ville prestigieuse de son imagination. Dans cette course, elle se cramponnait au rocher qui lui servait d'appui, et pour qui eût observé alors ses yeux avides, son sein haletant d'impatience et l'effrayante expression de joie répandue sur ses traits, elle eût offert tous les symptômes de la folie. C'étaient pourtant là ses heures de plaisir et les seuls momens de bien-être vers lesquels se dirigeaient les espérances de sa journée. Si le caprice de son mari eût supprimé ces promenades solitaires, je ne sais de quelle pensée elle eût vécu, car chez elle tout se rapportait à une certaine faculté d'illusions, à une ardente aspiration vers un point qui n'était ni le souvenir ni l'attente, ni l'espoir ni le regret, mais le désir dans toute son intensité dévorante. Pauvre femme! elle vécut ainsi des semaines et des mois sous le ciel des tropiques, n'aimant, ne connaissant, ne caressant qu'une ombre, ne creusant qu'une chimère.

De son côté Ralph était entraîné dans ses promenades vers les endroits sombres et couverts, où le souffle des vents marins ne pouvait l'atteindre, car la vue de l'Océan lui était devenue antipathique autant que l'idée de le traverser de nouveau. La France n'avait pour lui qu'une place maudite dans la mémoire de son cœur. C'était là qu'il avait été malheureux à en perdre courage, lui

habitué au malheur et patient avec ses maux.
Il cherchait de tout son pouvoir à l'oublier ; car cet homme, quelque dégoûté
de la vie qu'il fût, voulait vivre tant qu'il
se sentirait nécessaire. Il avait donc soin de
ne jamais prononcer un mot qui eût rapport
au séjour qu'il avait fait dans ce pays. Que
n'eût-il pas donné pour arracher cet horrible souvenir à madame Delmare ! Mais il
s'en flattait si peu; il se sentait si malhabile,
si peu éloquent, qu'il la fuyait plutôt que
de chercher à la distraire. Dans l'excès de sa
réserve délicate, il continuait à se donner
toutes les apparences de la froideur et de l'égoïsme. Il allait souffrir seul au loin ; et à
le voir s'acharner à courir les bois et les
montagnes, à la poursuite des oiseaux et
des insectes, on eût dit d'un chasseur naturaliste absorbé par son innocente passion, et
parfaitement détaché des intérêts de cœur
qui se remuaient autour de lui. Pourtant la
chasse et l'étude n'étaient que le prétexte

dont il couvrait ses amères et longues rêveries.

Cette île conique est fendue vers sa base sur tout son pourtour, et recèle dans ses embrasures des gorges profondes où les rivières roulent leurs eaux pures et bouillonnantes ; une de ces gorges s'appelle Bernica. C'est un lieu pittoresque, une sorte de vallée étroite et profonde cachée entre deux murailles de rochers perpendiculaires dont la surface est parsemée de bouquets d'arbustes saxatiles et de touffes de fougères.

Un ruisseau coule dans la cannelure formée par la rencontre des deux pans. Au point où leur écartement cesse, il se précipite dans des profondeurs effrayantes, et forme, au lieu de sa chute, un petit lac entouré de roseaux et couvert d'une fumée humide. Autour de ses rives, et sur les bords du filet d'eau alimenté par le trop plein du lac, croissent des bananiers, des letchis et des orangers, dont le vert sombre et vigoureux tapisse l'intérieur de la gorge. C'est là que Ralph fuyait la chaleur et la société; toutes ses promenades le ramenaient à ce but favori; le bruit frais et monotone de la cascade endormait sa mélancolie. Quand son cœur était agité de ces secrètes angoisses si long-temps couvées, si cruellement méconnues, il dépensait là, en larmes ignorées, en plaintes silencieuses, l'inutile énergie de son ame et l'activité concentrée de sa jeunesse.

Pour que vous compreniez le caractère de Ralph, il faut peut-être vous dire qu'au moins une moitié de sa vie s'était écoulée au fond de ce ravin. C'est là qu'il venait dès les jours de sa première enfance endormir son courage contre les injustices dont il était victime dans sa famille; c'est là qu'il avait tendu tous les ressorts de son ame contre l'arbitraire de sa destinée, et qu'il avait pris l'habitude du stoïcisme au point d'en recevoir une seconde nature. Là aussi, dans son adolescence il avait apporté sur ses épaules la petite Indiana, il l'avait couchée sur les herbes du rivage pendant qu'il pêchait des camarous dans les eaux limpides ou qu'il essayait de gravir le rocher pour y découvrir des nids d'oiseaux.

Les seuls hôtes de cette solitude étaient les goëlands, les pétrels, les foulques et les hirondelles de mer. Sans cesse dans le gouffre on voyait descendre ou monter, planer ou tournoyer ces oiseaux aquatiques qui avaient choisi pour établir leur sauvage couvée les trous et les fentes de ses parois inaccessibles. Vers le soir ils se rassemblaient en troupes inquiètes, et remplissaient la gorge sonore de leurs cris rauques et farouches. Ralph se plaisait à suivre leur vol majestueux, à écouter leurs voix mélancoliques. Il enseignait à sa petite élève leurs noms et leurs habitudes; il lui montrait la belle sarcelle de Madegascar, au ventre orangé, au dos d'émeraude; il lui faisait admirer le vol du paille-en-queue à brins rouges qui s'égare quelquefois sur ces rivages et voyage en quelques heures de l'Ile-de-France à l'Ile-Rodrigue, où, après des pointes de deux cents lieues en mer, il revient chaque soir coucher sous le veloutier qui cache sa nichée. L'épouvantail, ou oiseau des tempêtes, venait aussi déployer ses ailes effilées sur ces roches, et la reine des mers, *la grande frégate*, à la queue fourchue, à la robe ardoisée, au bec ciselé, qui se pose si rarement qu'il semblerait que l'air est sa patrie et le mouvement sa nature, y élevait son cri de détresse pardessus tous les autres. Ces hôtes sauvages s'étaient habitués apparemment à voir nos deux enfans tourner autour de leurs demeures, car ils daignaient à peine s'effrayer de leur approche, et quand Ralph atteignait le rocher où ils venaient de s'établir, ils s'élevaient en de noirs tourbillons pour aller s'abattre comme par dérision à quelques pieds au-dessus de lui. Indiana riait de leurs évolutions, et rapportait ensuite avec précaution, dans son chapeau de paille de riz, les œufs que Ralph avait réussi à dérober pour elle et que souvent il avait été forcé de disputer hardiment aux vigoureux coups d'aile des grands oiseaux amphibies.

Ces souvenirs revenaient en foule à l'esprit de Ralph, mais avec une extrême amertume ; car les temps étaient bien changés, et cette petite fille qui avait toujours été sa compagne avait cessé d'être son amie, ou du moins ne l'était plus alors comme autrefois, dans tout l'abandon de son cœur. Quoiqu'elle lui eût rendu son affection, son dévouement et ses soins, il était un point qui s'opposait entre eux à la confiance, un souvenir sur lequel tournaient comme sur un pivot toutes les sensations de leur vie. Ralph sentait qu'il n'y pouvait porter la main ; il l'avait osé une seule fois un jour de danger, et cet acte de courage n'avait rien produit ; maintenant y revenir n'eût été qu'un acte de froide barbarie, et Ralph se fût plutôt décidé à excuser Raymon, l'homme du monde qu'il estimait le moins, que d'ajouter aux douleurs d'Indiana en le condamnant selon sa justice.

Il se taisait donc, et même il la fuyait. Quoique vivant sous le même toit, il avait trouvé le moyen de ne la voir guère qu'aux heures des repas ; et cependant, comme une mystérieuse Providence, il veillait sur elle. Il ne s'écartait de l'habitation qu'aux heures où la chaleur la confinait dans son hamac; mais le soir, lorsqu'elle était sortie, il laissait adroitement Delmare sous la varangue et allait l'attendre au pied des rochers où il savait qu'elle avait habitude de s'asseoir. Il restait là des heures entières, la regardant quelquefois au travers des branches que la lune commençait à blanchir, mais respectant le court espace qui la séparait de lui et n'osant abréger d'un instant sa triste rêverie. Lorsqu'elle redescendait dans la vallée, elle le trouvait toujours au bord d'un petit ruisseau dont le sentier de l'habitation suivait le cours. Quelques larges galets autour desquels l'eau frissonnait en filets d'argent lui servaient de siége. Quand la robe blanche d'Indiana se dessinait sur la rive, Ralph se levait en silence, lui offrait son bras et la ramenait à l'habitation sans lui adresser une parole, si plus triste et plus affaissée qu'à l'ordinaire elle n'entamait pas elle-même la conversation. Puis, quand il l'avait quittée, il se retirait dans sa chambre et attendait pour se coucher que tout le monde fût endormi dans la maison. Si la voix de Delmare s'élevait pour gronder, Ralph, sur le premier prétexte qui lui venait à l'esprit, allait le trouver et réussissait à l'apaiser ou à le distraire, sans jamais laisser deviner que telle fût son intention. Cette habitation pour ainsi dire diaphane, comparativement à celles de nos climats, cette continuelle nécessité d'être toujours sous les yeux les uns des autres, imposait au colonel plus de réserve dans ses emportemens. L'inévitable figure de Ralph qui venait au moindre bruit se placer entre lui et sa femme, le contraignait à se modérer ; car Delmare avait assez d'amour-propre pour se vaincre devant ce censeur à la fois muet et sévère. Aussi, pour exhaler l'humeur que ses contrariétés commerciales avaient amassée chez lui durant le jour, il attendait que l'heure du coucher l'eût délivré de son juge. Mais c'était en vain ; l'occulte influence veillait avec lui, et à la première parole amère, au premier éclat de voix qui faisait retentir les minces parois de sa demeure, un bruit de meubles ou un piétinement parti comme par hasard de la chambre de Ralph, semblait lui imposer silence et lui annoncer que la discrète et patiente sollicitude du protecteur ne s'endormait pas.

QUATRIÈME PARTIE.

IX.

Or, il arriva que le ministère du 8 août, qui dérangea tant de choses en France, porta un rude coup à la sécurité de Raymon. Il ne fut point de ces vanités aveugles qui triomphèrent d'un jour de victoire. Il avait fait de la politique l'ame de toutes ses pensées, la base de tous ses rêves d'avenir. Il s'était flatté que le roi, en entrant dans la voie des concessions adroites, maintiendrait long-temps encore l'équilibre qui assurait l'existence des familles nobles. Mais l'apparition du prince de Polignac détruisit cette espérance. Raymon voyait trop loin, il était trop répandu dans le monde *nouveau* pour ne pas se mettre en garde contre les succès du moment. Il comprit que toute sa destinée chancelait avec celle de la monarchie, et que sa fortune, sa vie peut-être ne tenaient plus qu'à un fil.

Alors il se trouva dans une position délicate et embarrassante. L'honneur lui faisait un devoir de se consacrer, malgré tous les périls du dévouement, à la famille dont les intérêts s'étaient jusqu'alors étroitement liés aux siens. A cet égard il ne pouvait guère donner le change à sa conscience et à la mémoire de ses proches. Mais cet ordre de choses, cette tendance vers l'absolu, choquaient sa prudence, sa raison, et, disait-il, sa CONVICTION INTIME. Elle compromettait toute son existence, elle faisait pis, elle le rendait ridicule, lui publiciste renommé qui avait osé promettre tant de fois, au nom du trône, la justice pour tous et la fidélité au pacte juré. Maintenant tous les actes du gouvernement donnaient un démenti formel aux assertions imprudentes du jeune éclectique; tous les esprits calmes et paresseux, qui deux jours plus tôt ne demandaient qu'à se rattacher au trône constitutionnel, commençaient à se jeter dans l'opposition et à traiter de fourberies polémiques les efforts de Raymon et de ses pareils. Les plus polis les accusaient d'imprévoyance et d'incapacité. Raymon sentait qu'il était humiliant de passer pour dupe après avoir joué un rôle si brillant dans la partie. En secret il commençait à maudire et à mépriser cette royauté qui se dégradait et qui l'entraînait dans sa chute. Il eût voulu pouvoir s'en détacher sans honte avant l'heure du combat. Il fit pendant quelque temps d'incroyables efforts d'esprit pour se concilier la confiance des deux camps. Les opposans de cette époque n'étaient pas difficiles pour l'admission de nouveaux partisans. Ils avaient besoin de recrues, et grâce au peu de preuves qu'ils leur demandaient, ils en faisaient de considérables. Ils ne dédaignaient pas, d'ailleurs, l'appui des grands noms, et chaque jour d'adroites flatteries jetées dans leurs journaux tendaient à détacher les plus beaux fleurons de cette couronne usée. Raymon n'était pas dupe de ces démonstrations d'estime; mais il ne les repoussait pas, certain qu'il était de leur utilité. De l'autre part les champions du trône se montraient plus intolérans à mesure que leur situation devenait plus désespérée. Ils chassaient de leurs rangs, sans prudence et sans égards, leurs plus utiles défenseurs. Ils commencèrent bientôt à témoigner leur mécontentement et leur méfiance à **Raymon**. Celui-ci, embarrassé, amoureux de sa réputation comme du principal avantage de son existence, fut très à propos atteint d'un rhumatisme aigu qui le força de renoncer momentanément à toute espèce de travail et de se retirer à la campagne avec sa mère.

Dans cet isolement, Raymon souffrit réellement de se trouver jeté comme un cadavre au milieu de l'activité dévorante d'une société prête à se dissoudre, de se sentir empêché (par l'embarras de prendre une couleur autant que par la maladie) de s'enrôler sous ces bannières belliqueuses qui flottaient de toutes parts, appelant au grand combat voire les plus obscurs et les plus inhabiles. Les cuisantes douleurs de la maladie, l'abandon, l'ennui et la fièvre donnèrent insensiblement un autre cours à ses idées. Il se demanda, pour la première fois peut-être, si le monde méritait tous les soins qu'il s'était donnés pour lui plaire ; et à le voir si indifférent envers lui, si oublieux de ses talens et de sa gloire, il jugea le monde. Puis il se consola d'en avoir été dupe, en se rendant le témoignage qu'il n'y avait jamais cherché que son bien-être personnel et qu'il l'y avait trouvé, grâce à lui-même. Rien ne nous confirme dans l'égoïsme comme la réflexion : Raymon en tira cette conclusion, qu'il fallait à l'homme en état de société deux sortes de bonheur, celui de la vie publique et celui de la vie privée, les triomphes du monde et les douceurs de la famille.

Sa mère, qui le soignait assidûment, tomba dangereusement malade. Ce fut à lui d'oublier ses maux et de veiller sur elle, mais ses forces n'y suffirent pas. Les ames ardentes et passionnées font les santés tenaces et miraculeuses aux jours de danger ; mais les ames tièdes et paresseuses n'impriment pas au corps de ces élans surnaturels. Quoique Raymon fût un bon fils, comme on l'entend dans la société, il succomba physiquement sous le poids de la fatigue. Étendu sur son lit de douleur, n'ayant plus à son chevet que des mercenaires ou de rares amis pressés de retourner aux agitations de la vie sociale, il se mit à penser à Indiana, et il la regretta sincèrement, car alors elle lui eût été nécessaire. Il se rappela les soins pieux qu'il lui avait vu prodiguer à son vieux et maussade époux, et il se représenta les douceurs et les bienfaits dont elle eût su entourer son amant.

— Si j'eusse accepté son sacrifice, pensa-t-il, elle serait déshonorée; mais que m'importerait à l'heure où je suis? Abandonné d'un monde frivole et personnel, je ne serais pas seul ; celle que tous repousseraient avec mépris serait à mes pieds avec amour; elle pleurerait sur mes maux; elle saurait les adoucir. Pourquoi l'ai-je renvoyée, cette femme ? Elle m'aimait tant, qu'elle eût pu se consoler des outrages des hommes en répandant quelque bonheur sur ma vie intérieure.

Il résolut de se marier quand il serait guéri, et il repassa dans son cerveau les noms et les figures qui l'avaient frappé dans les salons des deux classes de la société. De ravissantes apparitions passèrent dans ses rêves ; des chevelures chargées de fleurs, des épaules de neige enveloppées de boas de cygne, des corsages souples, tels que le crayon des Johannot a seul le secret d'en reproduire la grâce ; ces attrayans fantômes agitèrent leurs ailes de gaze sur les yeux lourds et brûlans de Raymon ; mais il n'avait vu ces péris que dans le tourbillon parfumé du bal. A son réveil il se demanda si leurs lèvres rosées avaient d'autres sourires que ceux de la coquetterie, si leurs blanches mains savaient panser les plaies de la douleur, si leur esprit fin et brillant savait descendre à la tâche pénible de consoler et de distraire un malade chargé d'ennuis Raymon était un homme d'intelligence exacte, et il se méfiait plus qu'un autre de la coquetterie des femmes, plus qu'un autre il haïssait l'égoïsme, parce qu'il savait qu'il n'y avait là rien à recueillir pour son bonheur. Et puis Raymon était aussi embarrassé pour le choix d'une femme que pour celui d'une couleur politique. Les mêmes raisons lui imposaient la lenteur et la prudence. Il appartenait à une haute et rigide famille, qui ne souffrirait point de mésalliance, et pourtant la fortune ne résidait plus avec sécurité que chez les plébéiens. Selon toute apparence cette classe allait s'élever sur les débris de l'autre, et pour se maintenir à la surface du mouvement, il fallait être le gendre d'un industriel ou d'un agioteur. Raymon pensa donc qu'il était sage d'attendre de quel côté viendrait le vent pour s'engager dans une démarche qui déciderait de tout son avenir.

Ces réflexions positives lui montraient à nu la sécheresse de cœur qui préside aux unions de convenance, et l'espoir d'avoir un jour une compagne digne de son amour, n'entrait que comme un hasard surnuméraire dans les chances de son bonheur. En attendant, la maladie pouvait être longue, et l'espoir de jours meilleurs n'efface point la sensation aiguë des douleurs présentes. Il revint à la pensée pénible de son aveuglement le jour où il avait refusé d'enlever madame Delmare, et il se maudit d'avoir si mal compris ses véritables intérêts.

Sur ces entrefaites il reçut la lettre qu'Indiana lui écrivait de l'Ile-Bourbon. L'énergie sombre et inflexible qu'elle conservait au milieu des revers qui eussent dû briser son ame, frappa vivement Raymon. Je l'ai mal jugée, pensa-t-il, elle m'aimait réellement, elle m'aime encore ; pour moi elle eût été capable de ces efforts héroïques que je croyais au-dessus des forces d'une femme, et maintenant je n'aurais peut-être qu'un mot à dire pour l'attirer comme un invincible aimant d'un bout du monde à l'autre.

S'il ne fallait pas six mois, huit mois peut-être pour obtenir ce résultat, je voudrais essayer! Il s'endormit avec cette idée; mais il fut réveillé bientôt par un grand mouvement dans la chambre voisine. Il se leva avec peine, passa une robe de chambre, et se traîna à l'appartement de sa mère; elle était au plus mal.

Elle retrouva vers le matin la force de s'entretenir avec lui. Elle ne se faisait pas illusion sur le peu de temps qui lui restait à vivre, elle l'occupa de la pensée de l'avenir pour son fils.

— Vous perdez, lui dit-elle, votre meilleure amie; que le ciel la remplace par une compagne digne de vous! Mais soyez prudent, Raymon, et ne hasardez point le repos de votre vie entière pour une chimère d'ambition. Je ne connaissais, hélas! qu'une femme que j'eusse voulu nommer ma fille. Mais le ciel avait disposé d'elle. Cependant, écoutez, mon fils: M. Delmare est vieux et cassé ; qui sait si ce long voyage n'a pas épuisé le reste de ses forces? Respectez l'honneur de sa femme tant qu'il vivra ; mais si, comme je le crois, il est appelé à me suivre de près dans la tombe, souvenez-vous qu'il y a encore au monde une femme qui vous aime presque autant que votre mère vous a aimé.

Le soir madame de Ramière mourut dans les bras de son fils. La douleur de Raymon fut amère et profonde. Il ne pouvait y avoir devant une semblable perte ni exaltation ni calcul. Sa mère lui était réellement nécessaire ; avec elle il perdait tout le bien-être positif de sa vie. Il versa sur son front livide, sur ses yeux éteints des larmes désespérantes. Il accusa le ciel, il maudit sa destinée, il pleura aussi Indiana. Il demanda compte à Dieu du bonheur qu'il lui devait; il lui reprocha de le traiter comme un autre et de lui arracher tout à la fois. Puis il douta de ce Dieu qui le châtiait. Il aima mieux le nier que de se soumettre à ses arrêts. Il perdit toutes les illusions avec toutes les réalités de sa vie, et il retourna à son lit de fièvre et de souffrances, brisé comme un roi déchu, comme un ange maudit.

Quand il fut à peu près rétabli, il jeta un coup d'œil sur la situation de la France. Le mal empirait, de toutes parts on menaçait de refuser l'impôt. Raymon s'étonna de la confiance imbécile de son parti, et jugeant à propos de ne pas se jeter encore dans la mêlée, il se renferma à Cercy avec le triste souvenir de sa mère et de madame Delmare.

A force de creuser l'idée qu'il avait d'abord légèrement conçue, il s'accoutuma à penser que cette dernière n'était pas perdue pour lui, s'il voulait se donner la peine de la rappeler. Il vit à cette résolution beaucoup d'inconvéniens, mais plus d'avantages encore. Il n'entrait pas dans ses intérêts d'attendre qu'elle fût veuve pour l'épouser comme l'avait entendu madame de Ramière. Delmare pouvait vivre vingt ans, et Raymon ne voulait pas renoncer pour toujours aux chances d'un mariage brillant. Il concevait mieux que cela dans sa riante et fertile imagination. Il pouvait, en se donnant un peu de peine, exercer sur son Indiana un ascendant illimité ; il se sentait assez d'adresse et de rouerie dans l'esprit pour faire de cette femme ardente et sublime une maîtresse soumise et dévouée. Il pouvait la soustraire au courroux de l'opinion, la cacher derrière le mur impénétrable de sa vie privée, la garder comme un trésor au fond de sa retraite et l'employer à répandre sur ses instans de solitude et de recueillement le bonheur d'une affection pure et généreuse. Il ne faudrait pas remuer beaucoup pour éviter la colère du mari. Il ne viendrait pas chercher sa femme au-delà de trois mille lieues, quand ses intérêts le clouaient irrévocablement dans un autre monde. Indiana serait peu exigeante de plaisirs et de liberté, après les rudes épreuves qui l'avaient courbée au joug. Elle n'était ambitieuse que d'amour, et Raymon sentait qu'il l'aimerait par reconnaissance dès qu'elle lui serait utile. Il se rappelait aussi la constance et la douceur qu'elle avait montrée pendant de longs jours de froideur et d'abandon. Il se promettait de conserver habilement sa liberté sans qu'elle osât s'en plaindre ; il se flattait de prendre assez d'empire sur sa conviction pour la faire consentir à le voir marié ; et il appuyait cette espérance sur les nombreux exemples de liaisons intimes qu'il avait vu subsister en dépit des lois sociales, moyennant la prudence et l'habileté avec lesquelles on savait échapper aux jugemens de l'opinion.

D'ailleurs, disait-il encore, cette femme aura fait pour moi un sacrifice sans retour et sans bornes. Pour moi elle aura traversé le monde et laissé derrière elle tout moyen d'existence, toute possibilité de pardon. Le monde n'est rigide que pour les fautes étroites et communes ; une rare audace l'étonne, une infortune éclatante le désarme ; il la plaindra, il l'admirera peut-être cette femme qui pour moi aura fait ce que nulle autre n'oserait tenter. Il la blâmera, mais il n'en rira pas, et je ne serai pas coupable pour l'accueillir et la protéger après une si haute preuve de son amour. Peut-être, au contraire, vantera-t-on mon courage ; du moins j'aurai des défenseurs, et ma réputation sera soumise à un glorieux et insoluble procès. La société veut quelquefois qu'on la brave ; elle n'accorde pas son admiration à ceux qui rampent dans les voies battues. Au temps où nous sommes, il faut mener l'opinion à coups de fouet.

Sous l'influence de ces pensées, il écrivit à madame Delmare. Sa lettre fut ce qu'elle devait être entre les mains d'un homme si adroit et si exercé. Elle respirait l'amour, la douleur, la vérité surtout. Hélas! quel roseau mobile est-ce donc que la vérité pour se plier ainsi à tous les souffles?

Cependant Raymon eut la sagesse de ne point exprimer formellement l'objet de sa lettre. Il feignait de regarder le retour d'Indiana comme un bonheur inespéré ; mais cette fois il lui parlait faiblement de ses devoirs. Il lui racontait les dernières paroles de sa mère ; il peignait avec chaleur le désespoir où le réduisait cette perte, les ennuis de sa solitude et les dangers de sa situation. Il faisait un tableau sombre et terrible de la révolution qui grossissait à l'horizon de la France, et tout en feignant de se réjouir d'être seul opposé à ses coups, il faisait entendre à Indiana que le moment était venu pour elle d'exercer cette enthousiaste fidélité, ce périlleux dévouement dont elle s'était vantée. Raymon accusait son destin et disait que la vertu lui avait coûté bien cher, que son joug était bien rude, qu'il avait tenu le bonheur dans sa main, et qu'il avait eu la force de se condamner à un éternel isolement. Ne me dites plus que vous m'avez aimé, ajoutait-il, je suis alors si faible et si découragé, que je maudis mon courage et que je hais mes devoirs. Dites-moi que vous êtes heureuse, que vous m'oubliez, afin qu'il soit en ma puissance de n'aller pas vous arracher aux liens qui nous séparent.

En un mot, il se disait malheureux. C'était dire à Indiana qu'il l'attendait.

X.

Durant les trois mois qui s'écoulèrent entre le départ de cette lettre et son arrivée à l'Ile-Bourbon, la situation de madame Delmare était devenue presque intolérable, par suite d'un incident domestique de la plus grande importance pour elle. Elle avait pris la triste habitude d'écrire chaque soir la relation des chagrins de la journée. Ce journal de ses douleurs s'adressait à Raymon, et quoiqu'elle n'eût pas l'intention de le lui faire parvenir, elle s'entretenait avec lui, tantôt avec passion, tantôt avec amertume, des maux de sa vie et des sentimens qu'elle ne pouvait étouffer. Ces papiers tombèrent entre les mains de Delmare, c'est-à-dire qu'il brisa le coffre qui les recélait, et qu'il les dévora d'un œil jaloux et furieux. Dans le premier mouvement de sa colère, il perdit la force de se contenir et alla, le cœur palpitant, les mains crispées, attendre qu'elle revînt de sa promenade. Peut-être, si elle eût tardé quelques minutes, cet homme malheureux aurait eu le temps de rentrer en lui-même; mais leur mauvaise étoile à tous deux voulut qu'elle se présentât presque aussitôt devant lui. Alors, sans pouvoir articuler une parole, il la saisit par les cheveux, la renversa et la frappa au front du talon de sa botte.

A peine eut-il imprimé cette marque sanglante de sa brutalité à un être faible, qu'il eut horreur de lui-même; il s'enfuit épouvanté de ce qu'il avait fait, et courut s'enfermer dans sa chambre où il arma ses pistolets pour se brûler la cervelle; mais au moment d'accomplir ce dessein, il vit sous la varangue Indiana qui s'était relevée et qui essuyait, d'un air calme et froid, le sang dont son visage était inondé. D'abord, comme il croyait l'avoir tuée, il éprouva un sentiment de joie en la voyant debout, et puis sa colère se ralluma : Ce n'est qu'une égratignure, s'écria-t-il, et tu méritais mille morts! Non, je ne me tuerai pas, car tu irais t'en réjouir dans les bras de ton amant! Je ne veux pas assurer votre bonheur à tous deux, je veux vivre pour vous faire souffrir, pour te voir dépérir de langueur et d'ennui, pour déshonorer l'infâme qui s'est joué de moi. Il se débattait contre les tortures de la rage, lorsque Ralph rentra par une autre porte de la varangue et rencontra Indiana échevelée, dans l'état où cette horrible scène l'avait laissée. Mais elle n'avait pas témoigné la moindre frayeur, elle n'avait pas laissé échapper un cri, elle n'avait pas élevé les mains pour demander grâce. Fatiguée de la vie, il semblait qu'elle eût éprouvé le désir cruel de laisser à Delmare le temps de consommer un meurtre, en n'appelant personne à son secours. Il est certain qu'au moment où cet événement avait eu lieu, Ralph était à vingt pas de là et qu'il n'avait pas entendu le moindre bruit.

— Indiana! s'écria-t-il en reculant d'effroi et de surprise, qui vous a blessée ainsi?

— Vous le demandez! répondit-elle avec un sourire amer; quel autre que *votre ami* en a *le droit* et la volonté?

Ralph jeta par terre le rotin qu'il tenait; il n'avait pas besoin d'autres armes que ses larges mains pour étrangler Delmare. Il franchit la distance en deux sauts, enfonça la porte d'un coup de poing... mais il trouva Delmare étendu par terre, le visage violet, la gorge enflée, en proie aux convulsions étouffées d'une congestion sanguine.

Il s'empara des papiers épars sur le plancher. En reconnaissant l'écriture de Raymon, en voyant les débris de la cassette, il comprit ce qui s'était passé, et recueillant avec soin ces pièces accusatrices, il courut les remettre à madame Delmare en l'engageant à les brûler tout de suite. Delmare ne s'était probablement pas donné le temps de tout lire.

Il la pria ensuite de se retirer dans sa chambre pendant qu'il appellerait les esclaves pour secourir le colonel. Mais elle ne voulut ni brûler les papiers ni cacher sa blessure.

— Non, lui dit-elle avec hauteur; je ne veux pas, moi! Cet homme n'a pas daigné autrefois cacher ma fuite à madame de Carvajal. Il s'est empressé de publier ce qu'il appelait mon déshonneur. Je veux montrer à tous les yeux ce stigmate du sien qu'il a pris soin d'imprimer lui-même sur mon visage. C'est une étrange justice que celle qui impose à l'un de garder le secret des crimes de l'autre, quand celui-là s'arroge le droit de le flétrir sans pitié!

Quand Ralph vit le colonel en état de l'entendre, il l'accabla de reproches avec plus d'énergie et de rudesse qu'on ne l'aurait cru capable d'en montrer. Alors Delmare, qui n'était certainement pas un méchant homme, pleura sa faute comme un enfant. Mais il la pleura sans dignité, comme on est capable de le faire quand on se livre à la sensation du moment sans en raisonner les effets et les causes. Prompt à se jeter dans l'excès contraire, il voulait appeler sa femme et lui demander pardon; mais Ralph s'y opposa, et tâcha de lui faire comprendre que cette réconciliation puérile compromettrait l'autorité de l'un sans effacer l'injure faite à l'autre. Il savait bien qu'il est des torts qu'on ne pardonne pas et des malheurs qu'on ne peut oublier.

Dès ce moment le personnage de ce mari devint odieux aux yeux de sa femme. Tout ce qu'il fit pour réparer ses torts lui ôta le peu de considération qu'il avait pu garder jusque-là. Sa faute était immense, en effet. L'homme qui ne se sent pas la force d'être froid et implacable dans sa vengeance, doit abjurer toute velléité d'impatience et de ressentiment. Il n'y a pas de rôle possible entre celui du chrétien qui pardonne, et celui de l'homme du monde qui répudie. Mais Delmare avait aussi sa part d'égoïsme. Il se sentait vieux; les soins de sa femme lui devenaient chaque jour plus nécessaires. Il se faisait une terrible peur de la solitude; et si, dans la crise de son orgueil blessé, il revenait à ses habitudes de soldat en la maltraitant, la réflexion le ramenait bientôt à cette faiblesse des vieillards, qui s'épouvante de l'abandon. Trop affaibli par l'âge et les fatigues pour aspirer à devenir père de famille, il était resté vieux garçon dans son ménage, et il avait pris une femme comme il eût pris une gouvernante. Ce n'était donc pas par tendresse pour elle qu'il lui pardonnait de ne l'aimer pas, c'était par intérêt pour lui-même ; et s'il s'affligeait de ne pas régner sur ses affections, c'était parce qu'il craignait d'être moins bien soigné sur ses vieux jours.

De son côté, quand madame Delmare, profondément blessée par les lois sociales, raidissait toutes les forces de son ame pour les hair et les mépriser, il y avait bien aussi au fond de ses pensées un sentiment tout personnel. Mais peut-être ce besoin de bonheur qui nous dévore, cette haine de l'injuste, cette soif de liberté qui ne s'éteignent qu'avec la vie, sont-ils les facultés constituantes de l'*egotism*, qualification par laquelle les Anglais désignent l'amour de soi, considéré comme un droit de l'homme et non comme un vice. Il me semble que l'individu choisi entre tous pour souffrir des institutions profitables à ses semblables, doit, s'il a quelque énergie dans le caractère, se débattre contre ce joug arbitraire. Je crois aussi que plus son ame est grande et noble, plus elle doit s'ulcérer sous les coups de l'injustice. S'il avait rêvé que le bonheur doit récompenser la vertu, dans quels doutes affreux, dans quelles perplexités désespérantes doivent le jeter les déceptions que l'expérience lui apporte!

Aussi toutes les réflexions d'Indiana, toutes ses démarches, toutes ses douleurs, se rapportaient à cette grande et terrible lutte de la nature contre la civilisation. Si les montagnes désertes de l'île eussent pu la cacher long-temps, elle s'y serait infailliblement réfugiée le jour de l'attentat commis sur elle.

Mais Bourbon n'avait pas assez d'étendue pour la soustraire aux recherches, et elle résolut de mettre la mer et l'incertitude du lieu de sa retraite entre elle et son tyran. Cette résolution prise, elle se sentit plus tranquille, et montra presque de l'insouciance et de la gaîté dans son intérieur. Delmare en fut si surpris et si flatté qu'il fit à part soi ce raisonnement de brute, qu'il était bon de faire sentir un peu la loi du plus fort aux femmes.

Alors elle ne rêva plus que de fuite, de solitude et d'indépendance; elle roula dans son cerveau meurtri et douloureux mille projets d'établissement romanesque dans les terres désertes de l'Inde ou de l'Afrique. Le soir elle suivait de l'œil le vol des oiseaux qui s'en allaient coucher à l'île Rodrigue. Cette île abandonnée lui promettait toutes les douceurs de l'isolement, premier besoin d'une ame brisée. Mais les mêmes motifs qui l'empêchaient de gagner l'intérieur des terres de Bourbon lui faisaient abandonner l'étroit asile des terres voisines. Elle voyait souvent chez elle de gros traitans de Madegascar qui avaient des relations d'affaires avec son mari, gens épais, cuivrés, grossiers, qui n'avaient de tact et de finesse que dans les intérêts de leur commerce. Leurs récits captivaient pourtant l'attention de madame Delmare ; elle se plaisait à les interroger sur les admirables productions de cette île, et ce qu'ils lui racontaient des merveilles de la nature dans cette contrée, enflammait de plus en plus le désir qu'elle éprouvait d'aller s'y cacher. L'étendue du pays et le peu d'espace qu'y occupaient les Européens lui faisaient espérer de n'y être jamais découverte. Elle s'arrêta donc à ce projet, et nourrit son esprit oisif des rêves d'un avenir qu'elle prétendait se créer à elle seule. Déjà elle construisait son ajonpa solitaire sous l'abri d'une forêt vierge, au bord d'un fleuve sans nom ; elle se réfugiait sous la protection de ces peuplades que n'a point flétries le joug de nos lois et de nos préjugés. Ignorante qu'elle était, elle espérait trouver là les vertus exilées de notre hémisphère, et vivre en paix, étrangère à toute constitution sociale ; elle s'imaginait échapper aux dangers de l'isolement, résister aux maladies dévorantes du climat. Faible femme qui ne pouvait endurer la colère d'un homme, elle se flattait de braver celle des élémens.

Au milieu de ces préoccupations romanesques et de ces projets extravagans, elle oubliait ses maux présens, elle se faisait un monde à part qui la consolait de celui où elle était forcée de vivre, elle s'habituait à penser moins à Raymon, qui ne devait bientôt être plus rien dans son existence solitaire et philosophique. A force de se bâtir un avenir à sa fantaisie, elle laissait reposer un peu le passé, et déjà à sentir son cœur plus libre et plus courageux, elle s'imaginait recueillir d'avance les fruits de sa vie d'anachorète. Mais la lettre de Raymon arriva, et cet édifice de chimères s'évanouit comme un souffle. Elle sentit, ou elle crut sentir qu'elle l'aimait plus que par le passé. Pour moi, je me plais à croire qu'elle ne l'aima jamais de toutes les forces de son ame. Il me semble que l'affection mal placée diffère de l'affection partagée autant qu'une erreur diffère d'une vérité; il me semble que si l'exaltation et l'ardeur de nos sentimens nous abusent au point de croire que c'est là de l'amour dans toute sa puissance, nous apprenons plus tard, en goûtant les délices d'un amour vrai, combien nous nous en étions imposé à nous-mêmes.

Mais la situation où Raymon se disait jeté, rallumait dans le cœur d'Indiana cet élan de générosité qui était un besoin de sa nature. En le voyant seul et malheureux, elle se fit un devoir d'oublier le passé et de ne pas prévoir l'avenir. La veille elle voulait quitter son mari par haine et par ressentiment ; maintenant elle regrettait de ne pas l'estimer, afin de faire à Raymon un véritable sacrifice. Tel était son enthousiasme qu'elle craignait de faire trop peu pour lui, en échappant à un maître irascible au péril de ses jours, et en se soumettant à l'agonie d'un voyage de quatre mois. Elle eût donné sa vie sans croire que ce fût assez payer un sourire de Raymon. La femme est faite ainsi.

Il ne s'agissait donc plus que de partir. Il était bien difficile de tromper la méfiance de Delmare et la clairvoyance de Ralph. Mais ce n'était pas là le principal obstacle, il fallait échapper à la publicité que, selon les lois, tout passager est forcé de donner à son départ par la voie des journaux.

Parmi le peu d'embarcations ancrées dans la dangereuse rade de Bourbon, le navire *l'Eugène* était en partance pour l'Europe. Indiana chercha long-temps l'occasion de parler au capitaine sans être observée de son mari ; mais chaque fois qu'elle témoignait le désir de se promener sur le port, il affectait de la remettre à la garde de sir Ralph, et lui-même les suivait de l'œil avec une patience désespérante. Cependant, à force de recueillir avec une scrupuleuse attention tous les indices favorables à son dessein, Indiana apprit que le capitaine du bâtiment gréé pour la France avait une parente au village de Sainte-Rose dans l'intérieur de l'île et qu'il revenait souvent à pied pour aller coucher à son bord. Dès ce moment elle ne quitta plus le rocher qui lui servait de point d'observation. Pour écarter les soupçons, elle s'y rendait par des sentiers détournés et en revenait de même lorsqu'à la nuit close elle n'avait point découvert le voyageur qui l'intéressait sur le chemin de la montagne.

Il ne lui restait plus que deux jours d'espérance, car déjà le vent avait soufflé de terre sur la rade ; le mouillage menaçait de ne pouvoir être plus tenable, et le capitaine Random était impatient de gagner le large.

Enfin elle adressa au Dieu des opprimés et des faibles une ardente prière, et elle alla s'asseoir sur le chemin même de Sainte-Rose, bravant le danger d'être vue et risquant sa dernière espérance. Il n'y avait pas une heure qu'elle attendait, lorsque le capitaine Random descendit le sentier. C'était un vrai marin, toujours rude et cynique, soit qu'il fût sombre ou jovial; son regard glaça d'effroi la triste Indiana. Cependant elle rassembla tout son courage et marcha à sa rencontre d'un air digne et résolu.

— Monsieur, lui dit-elle, je viens mettre entre vos mains mon honneur et ma vie. Je veux quitter la colonie et retourner en France. Si, au lieu de m'accorder votre protection, vous trahissez le secret que je vous confie, je n'ai pas d'autre parti à prendre que de me jeter à la mer.

Le capitaine répondit, en jurant, que la

mer refuserait de sombrer une si jolie goëlette, et que, puisqu'elle venait d'elle-même s'abattre sous le vent, il répondait de la remorquer au bout du monde.

— Vous consentez donc, Monsieur? lui dit madame Delmare avec inquiétude. En ce cas, vous accepterez l'avance de mon passage.

Et elle lui remit un écrin contenant les bijoux que madame de Carvajal lui avait donnés autrefois. C'était la seule fortune qu'elle possédât encore. Mais le marin l'entendait autrement, et il lui rendit l'écrin avec des paroles qui firent monter le sang à ses joues.

— Je suis bien malheureuse, Monsieur, lui répondit-elle en retenant les larmes de colère qui brillaient dans ses longs cils ; la démarche que je fais auprès de vous, vous autorise à m'insulter, et cependant, si vous saviez combien mon existence dans ce pays est odieuse, vous auriez pour moi plus de pitié que de mépris.

La contenance noble et touchante d'Indiana en imposa au capitaine Random. Les êtres qui ne font pas abus de leur sensibilité la retrouvent saine et entière dans l'occasion. Il se rappela aussitôt la figure haïssable du colonel Delmare et le bruit que son aventure avait fait dans la colonie. En couvant d'un œil libertin cette créature si frêle et si jolie, il fut frappé de son air d'innocence et de candeur; il fut surtout vivement ému en remarquant sur son front une marque blanche que sa rougeur faisait ressortir. Il avait eu avec Delmare des relations de commerce qui lui avaient laissé du ressentiment contre cet homme si rigide et si serré en affaires.

— Malédiction! s'écria-t-il, je n'ai de mépris que pour l'homme capable de casser à coups de botte la tête d'une si jolie femme. Delmare est un corsaire à qui je ne serai pas fâché de jouer ce tour. Mais soyez prudente, Madame, et songez que je compromets ici mon caractère. Il faut vous échapper sans éclat au coucher de la lune, vous envoler comme une pauvre pétrelle du fond de quelque récif bien sombre....

— Je sais, Monsieur, répondit-elle, que vous ne me rendrez pas cet important service sans transgresser les lois; vous courrez peut-être le risque de payer une amende : c'est pourquoi je vous offre cet écrin dont la valeur contient au moins le double du prix de la traversée.

Le capitaine prit l'écrin en souriant.

— Ce n'est pas le moment de régler nos comptes, dit-il ; je veux bien être le dépositaire de votre petite fortune. Vous n'avez pas sans doute, vu la circonstance, un bagage bien considérable ; rendez-vous la nuit du départ dans les rochers de l'anse aux Lataniers, vous verrez venir à vous un canot armé de deux bons rameurs, et l'on vous passera par-dessus le bord entre une et deux heures du matin.

XI.

Cette journée du départ s'écoula comme un rêve. Indiana avait craint de la trouver longue et pénible : elle passa comme un instant. Le silence de la campagne, la tranquillité de l'habitation, contrastaient avec les agitations intérieures qui dévoraient madame Delmare. Elle s'enfermait dans sa chambre pour y préparer le peu de hardes qu'elle voulait emporter ; puis elle les cachait sous ses vêtemens et les portait une à une dans les rochers de l'anse aux Lataniers où elle les mettait dans un panier d'écorce enseveli sous le sable. La mer était rude, et le vent grossissait d'heure en heure. Par précaution le navire *l'Eugène* était sorti du port, et madame Delmare apercevait au loin ses voiles blanches que la brise enflait, tandis que l'équipage, pour se maintenir dans sa station, lui faisait courir des bordées. Son cœur s'élançait alors avec de vives palpitations vers ce bâtiment qui semblait piaffer d'impatience, comme un coursier plein d'ardeur au moment de partir. Mais lorsqu'elle regagnait l'intérieur de l'île, elle retrouvait dans les gorges de la montagne un air calme et doux, un soleil pur, le chant des oiseaux, le bourdonnement des insectes, et l'activité des travaux qui avait son cours comme la veille, indifférent aux émotions violentes qui la torturaient. Alors elle doutait de la réalité de sa situation et se demandait si ce départ prochain n'était pas l'illusion d'un songe.

Vers le soir le vent tomba. *L'Eugène* se rapprocha de la côte, et au coucher du soleil madame Delmare entendit du haut de son rocher le canon bondir sur les échos de l'île. C'était le signal du départ pour le jour suivant, au retour de l'astre qui se plongeait alors dans les flots.

Après le repas, M. Delmare se trouva incommodé. Sa femme crut que tout était désespéré, qu'il tiendrait la maison éveillée toute la nuit, que son projet allait échouer; et puis il souffrait, il avait besoin d'elle; ce n'était pas le moment de le quitter. C'est alors que le remords entra dans son ame et qu'elle se demanda qui aurait pitié de ce vieillard quand elle l'aurait abandonné. Elle frémit de penser qu'elle allait consommer un crime à ses propres yeux, et que la voix de la conscience s'élèverait plus haut peut-être que celle de la société pour la condamner. Si, comme à l'ordinaire, Delmare eût réclamé ses soins avec dureté, s'il se fût montré impérieux et fantasque dans ses souffrances, la résistance eût semblé douce et légitime à l'esclave opprimée. Mais pour la première fois de sa vie il supporta son mal avec douceur, et témoigna à sa femme de la reconnaissance et de l'affection. A dix heures il déclara qu'il se sentait tout-à-fait bien, exigea qu'elle se retirât chez elle, et défendit qu'on s'inquiétât de lui davantage. Ralph assura en effet que tout symptôme de maladie avait disparu, et qu'un sommeil tranquille était désormais le seul remède nécessaire. Quand onze heures sonnèrent, tout était tranquille et silencieux dans l'habitation. Madame Delmare se jeta à genoux et pria en pleurant avec amertume; car elle allait charger son cœur d'une grande faute, et de Dieu lui viendrait désormais le seul pardon qu'elle pût espérer. Elle entra doucement dans la chambre de son mari. Il dormait profondément ; son visage était calme, sa respiration égale. Au moment où elle allait se retirer, elle aperçut dans l'ombre une autre personne endormie sur un fauteuil. C'était Ralph qui s'était relevé sans bruit, et qui était venu garder, en cas de nouvel accident, le sommeil de son ami.

— Pauvre Ralph ! pensa Indiana, quel éloquent et cruel reproche pour moi!

Elle eut envie de le réveiller, de lui tout avouer, de le supplier de la préserver d'elle-même, et puis elle pensa à Raymon. Encore un sacrifice, se dit-elle, et le plus cruel de tous, celui de mon devoir.

L'amour, c'est la vertu de la femme ; c'est pour lui qu'elle se fait une gloire de ses fautes ; c'est de lui qu'elle reçoit l'héroïsme de braver ses remords. Plus le crime lui coûte à commettre, plus elle aura mérité de celui qu'elle aime. C'est le fanatisme qui met le poignard aux mains du religieux.

Elle ôta de son cou une chaîne d'or qui lui venait de sa mère et qu'elle avait toujours portée ; elle la passa doucement au cou de Ralph comme le dernier gage d'une amitié fraternelle, et pencha encore une fois sa lampe sur le visage de son vieil époux pour s'assurer qu'il n'était plus malade. Il rêvait en ce moment, et dit d'une voix faible et triste : *Prends garde à cet homme*, *il te perdra.* Indiana frémit de la tête aux pieds et s'enfuit dans sa chambre. Elle se tordit les mains dans une douloureuse incertitude ; puis tout d'un coup elle s'empara de cette pensée, qu'il n'était pas question d'elle, mais de Raymon ; qu'elle n'allait point à lui pour chercher du bonheur, mais pour lui en porter, et que dût-elle être maudite dans l'éternité, elle en serait assez dédommagée si elle embellissait la vie de son amant. Elle s'élança hors de l'habitation et gagna l'anse aux Lataniers d'un pas rapide, n'osant se retourner pour regarder ce qu'elle laissait derrière elle.

Elle s'occupa aussitôt de déterrer sa valise d'écorce et elle s'assit dessus, silencieuse, tremblante, écoutant le vent qui sifflait, la vague qui râlait en mourant à ses pieds, et la satanite qui gémissait d'une voix aigre dans les grandes algues marines pendues aux parois des rochers; mais tous ces bruits étaient dominés par les battemens de son cœur qui résonnaient dans ses oreilles comme le son d'une cloche funèbre.

Elle attendit long-temps; elle fit sonner sa montre et vit que l'heure était passée. La mer était si mauvaise, et en tout temps la navigation est si difficile sur les côtes de l'île, qu'elle commençait à désespérer de la bonne volonté des rameurs chargés de l'emmener, lorsqu'elle aperçut sur les flots brillans l'ombre noire d'une pirogue qui essayait d'approcher. Mais la houle était si forte, la mer se creusait tellement, que la frêle embarcation disparaissait à chaque instant et s'ensevelissait comme dans les sombres plis d'un linceul étoilé d'argent. Elle se leva et répondit plusieurs fois au signal qui l'appelait, par des cris que le vent emportait avant de les transmettre aux rameurs. Enfin, lorsqu'ils furent assez près pour l'entendre, ils se dirigèrent vers elle avec beaucoup de peine, puis ils s'arrêtèrent pour attendre une lame. Dès qu'ils la sentirent soulever l'esquif, ils redoublèrent d'efforts, et la vague, en se déferlant, les jeta avec le canot sur un tas de galets.

Le terrain sur lequel Saint-Paul est bâti doit son origine aux sables de la mer et à ceux des montagnes que la rivière des Galets a charriés à de grandes distances de son embouchure, au moyen des remous de son courant. Ces amas de cailloux arrondis forment autour du rivage des montagnes sousmarines que la houle entraîne, renverse et reconstruit à son gré. Leur mobilité en rend le choc inévitable et l'habileté du pilote devient inutile pour se diriger parmi ces écueils sans cesse renaissans. Les gros navires stationnés dans le port de Saint-Denis sont souvent arrachés de leurs ancres et brisés sur la côte par la violence des courans; ils n'ont d'autre ressource, lorsque le vent de terre commence à souffler et à rendre dangereux le retrait brusque des vagues, que de gagner la pleine mer au plus vite; et c'est ce que faisait le brick *l'Eugène*.

Le canot emporta Indiana et sa fortune au milieu des lames furieuses, des hurlemens de la tempête et des imprécations des deux rameurs, qui ne se gênaient pas pour la maudire tout haut du danger auquel ils s'exposaient pour elle. Il y avait deux heures, disaient-ils, que le navire eût dû lever l'ancre, et c'était à cause d'elle que le capitaine avait refusé obstinément d'en donner l'ordre. Ils ajoutaient à cet égard des réflexions insultantes et cruelles, dont la malheureuse fugitive dévorait la honte en silence; et comme l'un de ces deux hommes faisait observer à l'autre qu'ils pourraient être punis, s'ils manquaient aux égards qu'on leur avait prescrits pour la *maîtresse du capitaine* :

— Laisse-moi tranquille! répondit-il en jurant, c'est avec les requins que nous avons des comptes à régler cette nuit. Si jamais nous revoyons le capitaine Random, il ne sera pas plus méchant qu'eux, j'espère.

— A propos de requin, dit le premier, je ne sais pas si c'en est un qui nous flaire déjà, mais je vois dans notre sillage une face qui n'est pas chrétienne.

— Imbécile! qui prend la figure d'un chien pour celle d'un loup de mer! Holà! mon passager à quatre pattes; l'on vous a oublié à la côte; mais, mille sabords! vous ne mangerez pas le biscuit de l'équipage. Notre consigne ne porte qu'une demoiselle; il n'est pas question du bichon...

En même temps il leva son aviron pour en décharger un coup sur la tête de l'animal, lorsque madame Delmare, en levant sur la mer ses yeux distraits et humides, reconnut sa belle chienne Ophélia qui avait retrouvé sa trace dans les rochers de l'île et qui la suivait à la nage. Au moment où le marin allait la frapper, la vague contre laquelle elle luttait péniblement l'entraîna loin du canot, et sa maîtresse entendit ses gémissemens de douleur et d'impatience. Elle supplia les rameurs de la prendre dans l'embarcation, et ils feignirent de s'y disposer ; mais au moment où le fidèle animal se rapprochait d'eux, ils lui brisèrent le crâne avec de grossiers éclats de rire, et Indiana vit flotter le cadavre de cet être qui, grâce à l'absence de raisonnement sans doute, l'avait aimée plus que Raymon. En même temps une lame furieuse entraîna la pirogue comme au fond d'une cataracte, et les rires des matelots se changèrent en imprécations de détresse.

Cependant, grâce à sa surface plate et légère, la pirogue bondit avec élasticité comme un plongeon sur les eaux et remonta brusquement au faîte de la lame pour se précipiter dans un autre ravin, et remonter encore à la crête écumeuse du flot. A mesure que la côte s'éloignait, la mer devenait moins houleuse, et bientôt l'embarcation naviga rapidement et sans danger vers le navire. Alors la bonne humeur revint aux deux rameurs et avec elle la réflexion. Ils s'efforcèrent de réparer leur grossièreté envers Indiana ; mais leurs cajoleries étaient plus insultantes que leur colère.

— Allons, ma jeune dame, disait l'un, prenez courage, vous voilà sauvée; sans doute le capitaine nous fera boire le meilleur vin de la cambuse, pour le joli ballot que nous lui avons repêché.

L'autre affectait de s'apitoyer sur ce que les lames avaient mouillé les vêtemens de la jeune dame ; mais, ajoutait-il, le capitaine l'attendait pour lui prodiguer ses soins. Immobile et muette, Indiana écoutait leurs propos dans une épouvante stupide; elle comprenait l'horreur de sa situation, et ne voyait plus d'autre moyen de se soustraire aux affronts qui l'attendaient que de se jeter dans la mer. Deux ou trois fois elle faillit s'élancer hors de la pirogue; puis elle reprit courage, un courage sublime, avec cette pensée :

— C'est pour lui, c'est pour Raymon que je souffre tous ces maux. Je dois vivre, fussé-je accablée d'ignominie, fussé-je couverte de boue.

Elle porta la main à son cœur oppressé et y trouva la lame d'un poignard qu'elle y avait caché le matin par une sorte de prévision instinctive. La possession de cette arme lui rendit toute sa confiance; c'était un stylet court et effilé que son père avait coutume de porter, une vieille lame espagnole qui avait appartenu à un Medina-Sidonia, dont le nom était gravé à jour sur l'acier du coutelas avec la date de 1300. Elle s'était sans doute rouillée dans du sang noble, cette bonne arme; elle avait lavé probablement plus d'un affront, puni plus d'un insolent. Avec elle Indiana se sentit redevenir Espagnole, et elle passa sur le navire avec résolution, en se disant qu'une femme ne courait aucun danger tant qu'elle avait un moyen de se donner la mort avant d'accepter le déshonneur. Elle ne se vengea de la dureté de ses guides qu'en les dédommageant avec magnificence de leur fatigue; puis elle se retira dans la dunette, et attendit avec anxiété que l'heure du départ fût venue.

Enfin le jour se leva, et la mer se couvrit de pirogues qui amenaient à bord les passagers. Indiana, cachée derrière un châssis vitré, regardait avec terreur les figures qui sortaient de ces embarcations; elle tremblait d'y voir apparaître celle de son mari pour venir la réclamer. Enfin le canon du départ alla mourir sur les échos de cette île qui lui avait servi de prison. Le navire commença à soulever des torrens d'écume, et le soleil, en s'élevant dans les cieux, jeta ses reflets roses et joyeux sur les cimes blanches des Salazes qui commençaient à s'abaisser à l'horizon.

A quelques lieues en mer une sorte de comédie fut jouée à bord pour éluder l'aveu de supercherie. Le capitaine Laurent feignit de découvrir madame Delmare sur son bâtiment ; il joua la surprise, interrogea les matelots, fit semblant de s'emporter, puis de s'apaiser, et finit par dresser procès-verbal de la rencontre à bord d'un *enfant trouvé* : c'est le terme technique en pareille circonstance.

Permettez-moi de terminer ici le récit de cette traversée. Vous savez que la partie pittoresque est tout-à-fait en dehors de mon sujet. Ma tâche envers vous n'est pas si douce que je puisse m'arrêter à de riches tableaux. La belle nature est un trésor dont je me suis interdit la jouissance avec vous.

Allez-y sans moi. Imaginez ou rappelez-vous; vos rêveries vaudront mieux que mes descriptions. Faites le tour du monde, et, si vous m'en croyez, fermez le livre; laissez là cette sombre et déplaisante histoire, oubliez le genre humain, allez aborder à quelque terre déserte où la nature n'aura pour vous que des fruits, des eaux, de la mousse et des fleurs. Pour moi, c'est à regret que je poursuis le récit de la destinée humaine. Je ne vous détaillerai pas les sensations intimes de la voyageuse Indiana durant ces quatre mois de chagrin, d'impatience et d'ennui. Il me faudrait faire un nouveau livre pour vous les dire toutes, et ce livre vous attristerait; il me suffira de vous dire, pour la justification du capitaine Random, qu'il eut, malgré sa rude éducation, assez de bon sens naturel pour comprendre vite le caractère de madame Delmare; il hasarda peu de tentatives pour abuser de son isolement, et il finit par en être touché et lui servir d'ami et de protecteur. Mais la loyauté de ce brave homme et la dignité d'Indiana n'empêchèrent pas les propos de l'équipage, les regards moqueurs, les doutes insultans et les plaisanteries lestes et incisives. Ce furent là les véritables tortures de cette infortunée durant le voyage; car pour les fatigues, les privations, les dangers de la mer, les ennuis et le malaise de la navigation, je ne vous en parle pas. Elle-même les compta pour rien.

XII.

Trois jours après le départ de la lettre pour l'Ile-Bourbon, Raymon avait complétement oublié et cette lettre et son objet. Il s'était senti mieux portant, et il avait hasardé une visite dans son voisinage. La ¹erre du Lagny, que M. Delmare avait laissée en paiement à ses créanciers, venait d'être acquise par un riche industriel, M. Hubert, homme habile et estimable, non pas comme le sont tous les riches industriels, mais comme l'est un petit nombre d'hommes enrichis. Raymon trouva le nouveau propriétaire installé dans cette maison qui lui rappelait tant de choses. Il se plut d'abord à laisser un libre cours à son émotion en parcourant ce jardin où les pas légers de Noun semblaient encore empreints sur le sable, et ces vastes appartemens qui semblaient retentir encore du son des douces paroles d'Indiana ; mais bientôt la présence d'un nouvel hôte changea la direction de ses idées.

Dans le grand salon, à la place où madame Delmare se tenait d'ordinaire pour travailler, une jeune personne grande et svelte, au long regard à la fois doux et malicieux, caressant et moqueur, était assise devant un chevalet, et s'amusait à copier à l'aquarelle les bizarres lambris de la muraille. C'était une œuvre charmante que cette copie, une fine moquerie toute empreinte du caractère railleur et poli de l'artiste. Elle s'était plu à outrer la prétentieuse gentillesse de ces vieilles fresques; elle avait saisi l'esprit faux et chatoyant du siècle de Louis XV sur ces figurines guindées. En rafraîchissant les couleurs fanées par le temps, elle leur avait rendu leurs grâces maniérées, leur parfum de courtisannerie, leurs atours de boudoir et de bergerie si singulièrement identiques. A côté de cette œuvre de raillerie historique elle avait écrit le mot *pastiche*.

Elle leva lentement sur Raymon ses longs yeux empreints de je ne sais quelle cajolerie caustique, attractive et perfide, qui lui rappela je ne sais pourquoi l'*Ann Page* de Shakspeare. Il n'y avait dans son maintien ni timidité, ni hardiesse, ni affectation d'usage, ni méfiance d'elle-même. Leur entretien roula sur l'influence de la mode dans les arts.

— N'est-ce pas, Monsieur, que la couleur morale de l'époque était dans ce pinceau? lui dit-elle en lui montrant la boiserie chargée d'amours champêtres, à la manière de Boucher. N'est-il pas vrai que ces moutons ne marchent pas, ne dorment pas, ne broutent pas comme des moutons d'aujourd'hui? Et cette jolie nature fausse et peignée, ces buissons de roses à cent feuilles au milieu des bois, où de nos jours ne croissent plus que des haies d'églantiers ; ces oiseaux apprivoisés dont l'espèce a disparu apparemment; ces robes de satin rose que le soleil ne ternissait pas ; n'est-ce pas qu'il y avait dans tout cela de la poésie, des idées de mollesse et de bonheur, et le sentiment de toute une vie douce, inutile et inoffensive? Sans doute ces ridicules fictions valaient bien nos sombres élucubrations politiques! Que ne suis-je née en ces jours-là, ajouta-t-elle en souriant, j'eusse été bien plus propre (femme frivole et bornée que je suis) à faire des peintures d'éventail et des chefs-d'œuvre de parfilage qu'à commenter les journaux et à comprendre la discussion des Chambres!

M. Hubert laissa les deux jeunes gens ensemble, et peu à peu leur conversation dévia au point de tomber sur madame Delmare.

— Vous étiez très lié avec nos prédécesseurs dans cette maison, dit la jeune fille, et sans doute il y a de la générosité de votre part à y venir voir de nouveaux visages. Madame Delmare, ajouta-t-elle en attachant sur lui son regard pénétrant, était une personne remarquable, dit-on ; elle a dû laisser ici pour vous des souvenirs qui ne sont pas à notre avantage.

— C'était, répondit Raymon avec indifférence, une excellente femme, et son mari était un digne homme...

— Mais, reprit l'insinuante jeune fille, c'était ce me semble quelque chose de plus qu'une excellente femme. Si je m'en souviens bien, il y avait dans sa personne un charme qui méritait une épithète plus vive et plus poétique. Je la vis, il y a deux ans, à un bal chez l'ambassadeur d'Espagne. Elle était ravissante ce jour-là, vous en souvenez-vous ?

Raymon tressaillit au souvenir de cette soirée où il avait parlé à Indiana pour la première fois. Il se rappela en même temps qu'il avait remarqué à ce bal la figure distinguée et les yeux spirituels de la jeune personne avec laquelle il parlait en ce moment; mais il n'avait pas demandé alors qui elle était.

Ce ne fut qu'en sortant et lorsqu'il félicitait M. Hubert des grâces de sa fille, qu'il apprit son nom.

— Je n'ai pas le bonheur d'être son père, répondit l'industriel ; mais je m'en suis dédommagé en l'adoptant. Vous ne savez donc pas mon histoire ?

— Malade depuis plusieurs mois, répondit Raymon, je ne sais de vous que le bien que vous avez déjà fait dans ce pays.

— Il est des gens, répondit M. Hubert en souriant, qui me font un grand mérite de l'adoption de mademoiselle de Nangy; mais vous, Monsieur, qui avez l'ame élevée, vous allez voir si j'ai fait autre chose que ce que la délicatesse me prescrivait. Veuf, sans enfans, je me trouvai il y a dix ans à la tête de fonds assez considérables, fruits de mon travail, que je cherchais à placer. Je trouvai à acheter en Bourgogne la terre et le château de Nangy, qui étaient des biens nationaux fort à ma convenance. J'en étais propriétaire depuis quelque temps, lorsque j'appris que l'ancien seigneur de ce domaine vivait retiré dans une chaumière avec sa petite fille âgée de sept ans, et que leur existence était misérable. Ce vieillard avait bien reçu des indemnités, mais il les avait consacrées à payer religieusement les dettes contractées dans l'émigration. Je voulus adoucir son sort, et lui offris un asile chez moi ; mais il avait conservé dans son infortune tout l'orgueil de son rang. Il refusa de rentrer comme par charité dans le manoir de ses pères, et mourut peu de temps après mon arrivée, sans vouloir accepter de moi aucun service. Alors je recueillis son enfant. Déjà fière, la petite patricienne agréa mes soins malgré elle ; mais à cet âge les préjugés ont peu de racine, et les résolutions peu de durée. Elle s'accoutuma bientôt à me regarder comme son père, et je l'ai élevée comme j'aurais fait pour ma propre fille. Elle m'en a bien récompensé par le bonheur qu'elle répand sur mes vieux jours. Aussi, pour me l'assurer, ce bonheur, j'ai adopté mademoiselle de Nangy, et je n'aspire maintenant qu'à lui trouver un mari digne d'elle et capable de bien gérer les biens que je lui laisserai.

Insensiblement cet excellent homme, encouragé par l'intérêt que Raymon accordait à ses confidences, le mit bourgeoisement, dès la première entrevue, dans le secret de toutes ses affaires. Son auditeur attentif comprit qu'il y avait là une belle et large fortune établie avec l'ordre le plus minutieux et qui n'attendait pour paraître dans tout son lustre qu'un consommateur plus jeune et de mœurs plus élégantes que le bon Hubert. Il sentit qu'il pouvait être l'homme appelé à cette tâche agréable et il remercia la destinée ingénieuse qui conciliait tous ses intérêts en lui plaçant, à l'aide d'incidens romanesques, une femme de son rang à la tête d'une belle fortune plébéienne. C'était un coup du sort à ne pas laisser échapper, et il y mit toute son habileté. Par-dessus le marché, l'héritière était charmante. Raymon se réconcilia un peu avec sa providence ; quant à madame Delmare, il ne voulut pas y penser. Il chassa les craintes que lui inspirait de temps en temps sa lettre; il chercha à se persuader que la pauvre Indiana n'en saisirait pas les intentions ou n'aurait pas le courage d'y répondre ; enfin il réussit à s'abuser lui-même et à ne se pas croire coupable, car Raymon eût eu horreur de se trouver égoïste. Il n'était pas de ces scélérats ingénus qui viennent sur la scène faire à leur propre cœur la naïve confession de leurs vices. Le vice ne se mire pas dans sa propre laideur, car il se ferait peur à lui-même, et le Yago de Shakspeare, personnage si vrai dans ses actions, est faux dans ses paroles, forcé qu'il est par nos conventions dramatiques de venir dévoiler lui-même les replis secrets de son cœur tortueux et profond. L'homme met rarement ainsi de sang froid sa conscience sous ses pieds. Il la retourne, il la presse, il la tiraille, il la déforme, et quand il l'a faussée, avachie et usée, il la porte avec lui comme un directeur indulgent et facile qui se plie à ses passions et à ses intérêts, mais qu'il feint toujours de consulter et de craindre.

Il retourna donc souvent au Lagny, et ses visites furent agréables à M. Hubert, car, vous le savez, Raymon avait l'art de se faire aimer; et bientôt tout le désir du riche plébéien fut de l'appeler son gendre. Mais il voulait que sa fille adoptive le choisît elle-même et que toute liberté leur fût laissée pour se connaître et se juger.

Laure de Nangy ne se pressait pas de décider le bonheur de Raymon, elle le tenait dans un équilibre parfait entre la crainte et l'espérance. Moins généreuse que madame Delmare, mais plus adroite, froide et flatteuse, orgueilleuse et prévenante, c'était la femme qui devait subjuguer Raymon, car elle lui était aussi supérieure en habileté qu'il l'avait été lui-même à Indiana. Elle eut bientôt compris que les convoitises de son admirateur étaient bien autant pour sa fortune que pour elle ; sa raisonnable imagination n'avait rien espéré de mieux en fait d'hommages. Elle avait trop de bon sens, trop de connaissance du monde actuel, pour avoir rêvé l'amour à côté de deux millions. Calme et philosophe, elle en avait pris son parti et ne trouvait point Raymon coupable; elle ne le haïssait point d'être calculateur et positif comme son siècle, seulement elle le connaissait trop pour l'aimer. Elle mettait tout son orgueil à n'être point au-dessous de ce siècle froid et raisonneur ; son amour-propre eût souffert d'y porter les niaises illusions d'une pensionnaire ignorante ; elle eût rougi d'une déception comme d'une sottise ; elle faisait en un mot consister son héroïsme à échapper à l'amour, comme madame Delmare mettait le sien à s'y livrer.

Mademoiselle de Nangy était donc bien résolue à subir le mariage comme une nécessité sociale, mais elle se faisait un malin plaisir d'user de cette liberté qui lui appartenait encore et de faire sentir quelque temps son autorité à l'homme qui aspirait à la lui ôter. Point de jeunesse, point de doux rêves, point d'avenir brillant et menteur pour cette jeune fille condamnée à subir toutes les misères de la fortune. Pour elle la vie était un calcul stoïque et le bonheur une illusion puérile dont il fallait se défendre comme d'une faiblesse et d'un ridicule.

Pendant que Raymon travaillait à établir sa fortune, Indiana approchait des rives de la France. Mais quelle fut sa surprise et son effroi, en débarquant, de voir le drapeau d'Orléans flotter sur les murs de Bordeaux! Une violente agitation bouleversait la ville; le préfet avait été assassiné la veille; le peuple se soulevait de toutes parts, la garnison semblait s'apprêter à une lutte sanglante, et l'on ignorait encore l'issue de la révolution à Paris. — J'arrive trop tard, fut la pensée qui tomba sur madame Delmare comme un coup de foudre. Dans son effroi, elle laissa le peu d'argent et de hardes qu'elle possédait sur le navire, et se mit à parcourir la ville dans une sorte d'égarement. Elle chercha une diligence pour Paris, mais les voitures publiques étaient encombrées de gens qui fuyaient ou qui allaient profiter de la dépouille des vaincus. Ce ne fut que vers le soir qu'elle trouva une place. Au moment où elle montait en voiture, un piquet de garde nationale improvisée vint s'opposer au départ des voyageurs et demanda à voir leurs papiers. Indiana n'en avait point. Tandis qu'elle se débattait contre les soupçons assez absurdes des triomphateurs, elle entendit assurer autour d'elle que la royauté était tombée, que le roi était en fuite et que les ministres avaient été massacrés avec tous leurs partisans. Ces nouvelles proclamées avec des rires, des trépignemens, des cris de joie, portèrent un coup mortel à madame Delmarc. Dans toute cette révolution, un seul fait l'intéressait personnellement; dans toute la France elle ne connaissait qu'un seul homme. Elle tomba évanouie sur le pavé et ne recouvra la connaissance que dans un hôpital... au bout de plusieurs jours.

Sans argent, sans linge, sans effets, elle en sortit, deux mois après, faible, chancelante, épuisée par une fièvre inflammatoire cérébrale qui avait fait plusieurs fois désespérer de sa vie. Quand elle se trouva dans la rue, seule, se soutenant à peine, privée d'appui, de ressources et de forces ; quand elle fit un effort pour se rappeler sa situation, et qu'elle se vit isolée et perdue dans cette grande ville, elle éprouva un indicible sentiment de terreur et de désespoir en songeant que le sort de Raymon était décidé depuis longtemps, et qu'il n'y avait pas autour d'elle un seul être qui pût faire cesser l'affreuse incertitude où elle se trouvait. L'horreur de l'abandon pesa de toute sa puissance sur son ame brisée, et l'apathique désespoir qu'inspire la misère vint peu à peu amortir toutes ses facultés. Dans cet engourdissement moral où elle se sentait tomber, elle se traîna sur le port, et, toute tremblotante de fièvre, elle s'assit sur une borne pour se réchauffer au soleil, en regardant avec une indolente fixité l'eau qui coulait à ses pieds. Elle resta là plusieurs heures, sans énergie, sans espoir, sans volonté, puis elle se rappela enfin ses effets, son argent qu'elle avait laissés sur le brick *l'Eugène* et qu'il serait possible peut-être de retrouver; mais la nuit était venue et elle n'osa pas s'introduire au milieu de ces matelots qui abandonnaient les travaux avec une rude gaîté, et leur demander des informations sur ce navire. Désirant au contraire échapper à l'attention qui commençait à se fixer sur elle, elle quitta le port et s'alla cacher dans les décombres d'une maison abattue, derrière la vaste esplanade des *Quinconces*. Elle y passa la nuit, blottie dans un coin, une froide nuit d'octobre, amère de pensers et pleine de frayeurs. Enfin le jour vint ; la faim se fit sentir poignante et implacable. Elle se décida à demander l'aumône. Ses vêtemens, quoiqu'en assez mauvais état, annonçaient encore plus d'aisance qu'il ne convient à une mendiante ; on la regarda avec curiosité, avec méfiance, avec ironie, et on ne lui donna rien. Elle se traîna de nouveau sur le port, demanda des nouvelles du brick *l'Eugène,* et apprit du premier batelier qu'elle rencontra que ce bâtiment était toujours en rade de Bordeaux. Elle s'y fit conduire en canot, et trouva Random en train de déjeûner.

—Eh bien! s'écria-t-il, ma belle passagère, vous voici déjà revenue de Paris! Vous faites bien d'arriver, car je repars demain. Faudra-t-il vous reconduire à Bourbon?

Il apprit à madame Delmare qu'il l'avait fait chercher partout, afin de lui remettre ce qui lui appartenait. Mais Indiana n'avait sur elle, au moment où on l'avait portée à l'hôpital, aucun papier qui pût faire connaître son nom. Elle avait été inscrite sous la désignation d'*inconnue* sur les registres de l'administration et sur ceux de la police : le capitaine n'avait donc pu trouver aucun renseignement.

Le lendemain, malgré son état de faiblesse et de fatigue, Indiana partit pour Paris. Ses inquiétudes eussent dû se calmer en voyant la tournure que les affaires politiques avaient prise; mais l'inquiétude ne raisonne pas, et l'amour est fécond en craintes puériles.

Le soir même de son arrivée à Paris elle courut chez Raymon; elle interrogea le concierge avec angoisse.

—Monsieur se porte bien, répondit celui-ci. Il est au Lagny.

— Au Lagny! Vous voulez dire à Cercy?

— Non, Madame, au Lagny, dont il est actuellement propriétaire.

—Bon Raymon! pensa Indiana; il a racheté

cette terre pour m'y donner un asile où la méchanceté publique ne puisse m'atteindre. Il savait bien que je viendrais !...

Ivre de bonheur, elle courut, légère et animée d'une vie nouvelle, s'installer dans un hôtel garni; elle donna la nuit et une partie du lendemain au repos. Il y avait si long-temps que l'infortunée n'avait dormi d'un sommeil paisible ! Ses rêves furent gracieux et décevans, et, quand elle s'éveilla, elle ne regretta point l'illusion des songes, car elle retrouva la réalité, ou tout au moins l'espérance à son chevet. Elle s'habilla avec soin ; elle savait que Raymon tenait à toutes les minuties de la toilette, et dès le soir précédent elle avait commandé une robe fraîche et jolie qu'on lui apporta à son réveil. Mais quand elle voulut se coiffer, elle chercha en vain sa longue et magnifique chevelure. Durant sa maladie elle était tombée sous les ciseaux de l'infirmière : elle s'en aperçut alors pour la première fois, tant ses fortes préoccupations l'avaient distraite des petites choses.

Néanmoins, quand elle eut bouclé ses courts cheveux noirs sur son front blanc et mélancolique, quand elle eut enveloppé sa jolie tête sous un petit chapeau de forme anglaise, appelé alors, par allusion à l'échec porté aux fortunes, *un trois pour cent*, quand elle eut attaché à sa ceinture un bouquet de fleurs dont Raymon aimait le parfum, elle espéra qu'elle lui plairait encore; car elle était redevenue pâle et frêle comme aux premiers jours où il l'avait connue, et l'effet de la maladie avait effacé ceux du soleil des tropiques.

Elle prit un remise dans l'après-midi et arriva vers neuf heures du soir à un village sur la lisière de la forêt de Fontainebleau. Là elle fit dételer, donna ordre au cocher de l'attendre jusqu'au lendemain, et prit seule, à pied, un sentier dans le bois qui la conduisit au parc du Lagny en moins d'un quart d'heure. Elle chercha à pousser la petite porte, mais elle était fermée en dedans. Indiana voulait entrer furtivement, échapper à l'œil des domestiques, surprendre Raymon. Elle longea le mur du parc. Il était vieux, elle se rappelait qu'il s'y faisait des brèches fréquentes, et par bonheur elle en trouva une qu'elle escalada sans trop de peine.

En mettant le pied sur cette terre qui appartenait à Raymon et qui allait devenir désormais son asile, son sanctuaire, sa forteresse et sa patrie, elle sentit son cœur bondir de joie. Elle franchit, légère et triomphante, les allées sinueuses qu'elle connaissait si bien. Elle gagna le jardin anglais, si sombre et si solitaire de ce côté-là. Rien n'était changé dans les plantations ; mais le pont dont elle redoutait l'aspect douloureux avait disparu, le cours même de la rivière était déplacé, les lieux qui eussent rappelé la mort de Noun avaient seuls changé de face.

— Il a voulu m'ôter ce cruel souvenir, pensa

Indiana. Il a eu tort, j'aurais pu le supporter. N'est-ce pas pour moi qu'il avait mis ce remords dans sa vie? Désormais nous sommes quittes, car j'ai commis un crime aussi. J'ai peut-être causé la mort de mon mari. Raymon peut m'ouvrir ses bras, nous nous tiendrons lieu l'un à l'autre d'innocence et de vertu.

Elle traversa la rivière sur des planches qui attendaient un pont projeté, et franchit le parterre. Elle fut forcée de s'arrêter, car son cœur battait à se rompre; elle leva les yeux vers la fenêtre de son ancienne chambre. Bonheur! les rideaux bleus resplendissaient de lumière, Raymon était là. Pouvait-il habiter une autre pièce? La porte de l'escalier dérobé était ouverte.

— Il m'attend à toute heure, pensa-t-elle; il va être heureux, mais non surpris.

Au haut de l'escalier elle s'arrêta encore pour respirer, elle se sentait moins de force pour la joie que pour la douleur.

Elle se pencha et regarda par la serrure. Raymon était seul, il lisait. C'était bien lui, c'était Raymon plein de force et de vie; les chagrins ne l'avaient pas vieilli, les orages politiques n'avaient pas enlevé un cheveu de sa tête. Il était là, paisible et beau, le front appuyé sur sa blanche main qui se perdait dans ses cheveux noirs.

Indiana poussa vivement la porte, qui s'ouvrit sans résistance.

— Tu m'attendais! s'écria-t-elle en tombant sur ses genoux et en appuyant sa tête défaillante sur le sein de Raymon; tu avais compté les mois, les jours! tu savais que le temps était passé, mais tu savais aussi que je ne pouvais pas manquer à ton appel.... C'est toi qui m'as appelée, me voilà, me voilà, je me meurs!....

Ses idées se confondirent dans son cerveau; elle resta quelque temps silencieuse, haletante, incapable de parler, de penser, absorbée, écrasée par la sensation.

Et puis elle rouvrit les yeux, reconnut Raymon comme au sortir d'un rêve, fit un cri de joie et de frénésie, et se colla à ses lèvres, folle, ardente et heureuse. Il était pâle, muet, immobile, frappé de la foudre.

— Reconnais-moi donc! s'écria-t-elle en se tordant à ses pieds; c'est moi, c'est ton Indiana, c'est ton esclave que tu as rappelée de l'exil et qui est venue de trois mille lieues pour t'aimer et te servir ; c'est la compagne de ton choix qui a tout quitté, tout risqué, tout bravé pour t'apporter cet instant de joie ! Tu es heureux? tu es content d'elle, dis ? J'attends ma récompense, un mot, un baiser, je serai payée au centuple.

Mais Raymon ne répondait rien; son admirable présence d'esprit l'avait abandonné. Il était écrasé de surprise, de remords et de terreur en voyant cette femme à ses pieds ; il cacha sa tête dans ses mains et désira la mort.

— Mon Dieu! mon Dieu! tu ne me parles

pas, tu ne m'embrasses pas, tu ne me dis rien! s'écria madame Delmare en étreignant les genoux de Raymon contre sa poitrine; tu ne peux donc pas? Le bonheur fait mal; il tue, je le sais bien! Ah! tu souffres, tu étouffes, je t'ai surpris trop brusquement. Essaie donc de me regarder; vois comme je suis pâle, comme j'ai vieilli, comme j'ai souffert; mais c'est pour toi, et tu ne m'en aimeras que mieux! Dis-moi un mot, un seul, Raymon!...

— Je voudrais pleurer, dit Raymon d'une voix étouffée.

— Et moi aussi, dit-elle en couvrant ses mains de baisers. Ah! oui; cela ferait du bien. Pleure, pleure donc dans mon sein, j'essuierai tes larmes avec mes baisers; car, vois-tu, Raymon, je viens pour te donner du bonheur, pour être tout ce que tu voudras, ta compagne, ta servante ou ta maîtresse. Jadis j'ai été bien cruelle, bien folle, bien égoïste; je t'ai fait bien souffrir, et je n'ai pas voulu comprendre que j'exigeais au-delà de tes forces. Mais, vois-tu, depuis j'ai réfléchi; et puisque tu ne crains pas de braver l'opinion avec moi, je n'ai plus le droit de te refuser aucun sacrifice. Dispose de moi, de mon sang, de ma vie; je suis à toi corps et ame. J'ai fait trois mille lieues pour t'appartenir, pour te dire cela; prends-moi, je suis ton bien, tu es mon maître.

Je ne sais quelle infernale idée traversa brusquement le cerveau de Raymon. Il tira son visage de ses mains contractées, et regarda Indiana avec un sang-froid diabolique; puis un sourire terrible erra sur ses lèvres et fit étinceler ses yeux, car Indiana était encore belle.

— D'abord il faut te cacher, lui dit-il en se levant.

— Pourquoi donc me cacher ici? dit-elle; n'es-tu pas le maître de m'accueillir et de me protéger, moi qui n'ai plus que toi sur la terre, et qui sans toi serais réduite à mendier sur la voie publique? Va, le monde même ne peut plus te faire un crime de m'aimer; c'est moi qui ai tout pris sur mon compte... c'est moi!... Mais où vas-tu ? s'écria-t-elle en le voyant marcher vers la porte.

Elle s'attacha à lui avec la terreur d'un enfant qui ne veut pas être laissé seul un instant, et se traîna sur ses genoux pour le suivre.

Lui voulait aller fermer la porte à double tour. Mais il était trop tard; elle s'ouvrit avant qu'il eût pu y porter la main, et Laure de Nangy entra, parut moins étonnée que choquée, ne laissa pas échapper une exclamation, se baissa un peu pour regarder en clignotant la femme qui était tombée à demi évanouie par terre; puis avec un sourire amer, froid et méprisant :

— Madame Delmare, dit-elle, vous vous plaisez, ce me semble, à mettre trois personnes dans une étrange situation ; mais je vous remercie de m'avoir donné le rôle le moins ridicule, et voici comme je m'en acquitte. Veuillez vous retirer.

L'indignation rendit la force à Indiana; elle se leva haute et puissante.

— Quelle est donc cette femme? dit-elle à Raymon, et de quel droit me donne-t-elle des ordres chez vous?

— Vous êtes ici chez moi, Madame, reprit Laure...

— Mais parlez donc, Monsieur! s'écria Indiana en secouant avec rage le bras du malheureux; dites-moi donc si c'est là votre maîtresse ou votre femme?

— C'est ma femme, répondit Raymon d'un air hébété.

— Je pardonne à votre incertitude, dit madame de Ramière avec un sourire cruel. Si vous fussiez restée où le devoir marquait votre place, vous auriez reçu un billet de faire part du mariage de Monsieur. Allons, Raymon, ajouta-t-elle d'un ton d'aménité caustique, je prends pitié de votre embarras ; vous êtes un peu jeune ; vous sentirez, j'espère, qu'il faut plus de prudence dans la vie. Je vous laisse le soin de terminer cette scène absurde. J'en rirais si vous n'aviez pas l'air si malheureux.

En parlant ainsi elle se retira, assez satisfaite de la dignité qu'elle venait de déployer, et triomphant en secret de la position d'infériorité et d'indépendance où cet incident venait de placer son mari vis-à-vis d'elle.

Quand Indiana retrouva l'usage de ses sens, elle était seule dans une voiture fermée, et roulait avec rapidité vers Paris.

XIII.

A la barrière, la voiture s'arrêta ; un domestique que madame Delmare reconnut pour l'avoir vu autrefois au service de Raymon, vint à la portière demander où il fallait descendre *Madame*. Indiana jeta machinalement le nom de l'hôtel et de la rue où elle était descendue la veille. En arrivant elle se laissa tomber sur une chaise et y resta jusqu'au lendemain matin, sans songer à se mettre au lit, sans vouloir faire un mouvement, désireuse de mourir, mais trop brisée, trop inerte pour avoir la force de se tuer. Elle pensait qu'il était impossible de vivre après de telles douleurs, et que la mort viendrait bien d'elle-même la chercher. Elle resta donc ainsi tout le jour suivant, sans prendre aucun aliment, sans répondre au peu d'offres de service qui lui furent faites.

Je ne sache pas qu'il soit rien de plus horrible que le séjour d'un hôtel garni à Paris, surtout lorsque, comme celui-là, il est situé dans une rue étroite et sombre, et qu'un jour terne et humide rampe comme à regret sur les plafonds enfumés et sur les vitres dépolies. Et puis, il y a dans l'aspect de ces meubles étrangers à vos habitudes, et sur lesquels votre regard désœuvré cherche en vain un souvenir et une sympathie, quelque chose qui glace et qui repousse. Tous ces objets qui n'appartiennent pour ainsi dire à personne, à force d'appartenir à tous ceux qui passent; ce local où nul n'a laissé de trace de son passage qu'un nom inconnu, quelquefois abandonné sur une carte dans le cadre de la glace; cet asile mercenaire qui abrita tant de pauvres voyageurs, tant d'étrangers isolés, et qui ne fut hospitalier à aucun d'eux, qui vit passer indifféremment tant d'agitations humaines et qui n'en sait rien raconter; ce bruit de rue, discord et incessant, qui ne vous permet pas même de dormir pour échapper au chagrin ou à l'ennui : ce sont là des sujets de dégoût et d'humeur pour celui même qui n'apporte point en ce lieu l'horrible situation d'esprit de madame Delmare. Pauvre provincial qui avez quitté vos champs, votre ciel, votre verdure, votre maison et votre famille pour venir vous enfermer dans ce cachot de l'esprit et du cœur, voyez Paris, ce beau Paris que vous aviez rêvé si merveilleux! voyez-le s'étendre là-bas, noir de boue et de pluie, bruyant, infect et rapide comme un torrent de fange! Voilà cette orgie perpétuelle, toujours brillante et parfumée, qu'on vous avait promise; voilà ces plaisirs enivrans, ces surprises saisissantes, ces trésors de la vue, de l'ouïe et du goût qui devaient se disputer vos sens bornés et vos facultés impuissantes à les savourer tous à la fois! Voyez là-bas courir, toujours pressé, toujours soucieux, le Parisien affable, prévenant, hospitalier, qu'on vous avait dépeint! Fatigué avant d'avoir parcouru cette mouvante population et ce dédale inextricable, vous vous rejetez, accablé d'effroi, dans le riant local d'un hôtel garni, où, après vous avoir installé à la hâte, l'unique domestique d'une maison souvent immense vous laisse seul mourir en paix, si la fatigue ou le chagrin vous ôtent la force de vaquer aux mille besoins de la vie.

Mais être femme et se trouver là repousséc de tous, à trois mille lieues de tout secours humain ; se trouver là manquant d'argent, ce qui est bien pis que d'être abandonné dans l'immensité d'un désert sans eau ; n'avoir pas, dans tout le cours de sa vie, un souvenir de bonheur qui ne soit empoisonné ou tari, dans tout l'avenir un espoir d'existence possible, pour se distraire de l'insipidité de la situation présente, c'est le dernier degré de la misère et de l'abandon. Aussi madame Delmare, n'essayant pas de lutter contre une destinée remplie, contre une vie brisée et anéantie, se laissa ronger par la faim, par la fièvre et par la douleur, sans proférer une plainte, sans verser une larme, sans tenter un effort pour mourir une heure plus tôt, pour souffrir une heure de moins.

On la trouva par terre, le lendemain du second jour, raidie par le froid, les dents serrées, les lèvres bleues, les yeux éteints :

cependant elle n'était pas morte. La maîtresse du logis examina l'intérieur du secrétaire, et le voyant si peu garni, délibéra si elle n'enverrait pas à l'hôpital cette inconnue qui n'avait certainement pas de quoi acquitter les frais d'une maladie longue et dispendieuse. Cependant, comme c'était une femme *remplie d'humanité*, elle la fit mettre au lit, et envoya chercher un médecin, afin de savoir de lui si la maladie durerait plus de deux jours. Il s'en présenta un qu'on n'avait pas été chercher.

Indiana, en ouvrant les yeux, le trouva à son chevet. Je n'ai pas besoin de vous dire son nom.

—Ah! c'est toi! c'est toi! s'écria-t-elle en se jetant mourante dans son sein. Tu es mon bon ange, toi! Mais tu viens trop tard, je ne puis plus rien pour toi, que mourir en te bénissant.

— Vous ne mourrez point, mon amie, répondit Ralph avec émotion ; la vie peut encore vous sourire. Les lois qui s'opposaient à votre bonheur n'enchaîneront plus désormais votre penchant. J'eusse voulu détruire l'invincible charme jeté sur vous par un homme que je n'aime ni n'estime ; mais cela n'est point en mon pouvoir, et je suis las de vous voir souffrir. Votre existence a été affreuse jusqu'ici; elle ne peut pas le devenir davantage. D'ailleurs, si mes tristes prévisions se réalisent, si le bonheur que vous avez rêvé doit être de courte durée, du moins l'aurez-vous connu quelque temps, du moins vous ne mourrez pas sans l'avoir goûté. Je sacrifie donc toutes mes répugnances. La destinée qui vous jette isolée entre mes bras m'impose envers vous les devoirs de tuteur et de père. Je viens vous annoncer que vous êtes libre, et que vous pouvez unir votre sort à celui de M. de Ramière. Delmare n'est plus.

Des larmes coulaient lentement sur les joues de Ralph tandis qu'il parlait. Indiana se redressa brusquement sur son lit, et tordant ses mains avec désespoir :

— Mon époux est mort! s'écria-t-elle ; c'est moi qui l'ai tué! Et vous me parlez d'avenir et de bonheur, comme s'il en était pour le cœur qui se déteste et se méprise ! Mais sachez bien que Dieu est juste, et que je suis maudite ! M. de Ramière est marié.

Elle retomba épuisée dans les bras de son cousin. Ils ne purent reprendre cet entretien que plusieurs heures après.

— Que votre conscience justement troublée se rassure, lui dit Ralph d'un ton solennel, mais doux et triste. Delmare était frappé à mort quand vous l'abandonnâtes ; il ne s'est point éveillé du sommeil où vous l'avez laissé, il n'a point su votre fuite, il est mort sans vous maudire et sans vous pleurer. Vers le matin, en sortant d'un assoupissement où j'étais tombé, en essayant de veiller auprès de son lit, je trouvai sa figure violette, son sommeil lourd et brûlant; il était déjà frappé d'apoplexie. Je courus à votre chambre, je fus surpris de ne vous y pas trouver; mais je n'avais pas le temps de chercher les motifs de votre absence, je ne m'en suis sérieusement alarmé qu'après la mort de Delmare. Tous les secours de l'art furent inutiles, le mal fit d'effrayans progrès; une heure après il expira dans mes bras sans retrouver l'usage de ses sens. Cependant, au dernier moment, son ame appesantie et glacée sembla faire un effort pour se ranimer; il chercha ma main qu'il prit pour la vôtre, car les siennes étaient déjà raides et insensibles; il s'efforça de la serrer, et il mourut en bégayant votre nom.

— J'ai recueilli ses dernières paroles, dit Indiana d'un air sombre; au moment où je le quittais pour toujours, il me parla dans son sommeil : « Cet homme te perdra », m'a-t-il dit. Ces paroles sont là, ajouta-t-elle en portant une main à son cœur et l'autre à son cerveau.

— Quand j'eus la force de distraire mes yeux et ma pensée de ce cadavre, poursuivit Ralph, je songeai à vous; à vous, Indiana, qui désormais étiez libre et qui ne pouviez pleurer votre maître que par bonté de cœur ou par religion. J'étais le seul à qui la mort enlevât quelque chose, car j'étais son ami, et s'il n'était pas toujours sociable, du moins n'avais-je pas de rival dans son cœur. Je craignis pour vous l'effet d'une trop prompte nouvelle et j'allai vous attendre à l'entrée de la case, pensant que vous ne tarderiez pas à revenir de votre promenade matinale. J'attendis long-temps. Je ne vous dirai pas mes angoisses, mes recherches, ma terreur lorsque je trouvai le cadavre d'Ophélia, tout sanglant et tout brisé par les rochers ; les vagues l'avaient jeté sur la grève. Hélas! je cherchai long-temps, croyant y découvrir bientôt le vôtre ; car je pensais que vous vous étiez donné la mort, et pendant trois jours j'ai cru qu'il ne me restait plus rien à aimer sur la terre. Il est inutile de vous parler de mes douleurs, vous avez dû les prévoir en m'abandonnant.

Cependant, le bruit se répandit bientôt dans la colonie que vous aviez pris la fuite. Un bâtiment qui entrait dans la rade s'était croisé avec le brick *l'Eugène* dans le canal de Mozambique ; l'équipage avait abordé votre navire. Un passager vous avait reconnue, et en moins de trois jours toute l'île fut informée de votre départ.

Je vous fais grâce des bruits absurdes et outrageans qui résultèrent de la rencontre de ces deux circonstances dans la même nuit, votre fuite et la mort de votre mari. Je ne fus pas épargné dans les charitables inductions qu'on se plut à en tirer ; mais je ne m'en occupai point. J'avais encore un devoir à remplir sur la terre, celui de m'assurer de votre existence et de vous porter des secours s'il était nécessaire. Je suis parti peu de temps après vous ; mais la traversée a été horrible, et je ne suis en France que depuis huit jours. Ma première pensée a été de courir chez M. de Ramière pour m'informer de vous. Mais le hasard m'a fait rencontrer son domestique Carle, qui venait de vous conduire ici. Je n'ai pas fait d'autre question que celle de votre domicile, et je suis venu avec la conviction que je ne vous y trouverais pas seule.

— Seule, seule ! et indignement abandonnée ! s'écria madame Delmare. Mais ne parlons pas de cet homme, n'en parlons jamais. Vois-tu, Ralph, je ne peux plus l'aimer, car je le méprise ; mais il ne faut pas me dire que je l'ai aimé, c'est me rappeler ma honte et mon crime ; c'est jeter un reproche terrible sur mes derniers instans. Ah! sois mon ange consolateur, toi qui viens dans toutes les crises de ma déplorable vie me tendre une main amie. Accomplis avec miséricorde ta dernière mission auprès de moi ; dis-moi des paroles de tendresse et de pardon, afin que je meure tranquille, et que j'espère le pardon du juge qui m'attend là-haut.

Elle espérait mourir ; mais le chagrin rive la chaîne de notre vie au lieu de la briser. Elle ne fut même pas dangereusement malade, elle n'en avait plus la force ; seulement elle tomba dans un état de langueur et d'apathie qui ressemblait à de l'imbécillité.

Ralph essaya de la distraire ; il l'éloigna de tout ce qui pouvait lui rappeler Raymon. Il l'emmena en Touraine ; il l'environna de toutes les aises de la vie ; il consacrait tous ses instans à lui en procurer quelques-uns de supportables ; et quand il n'y réussissait point, quand il avait épuisé toutes les ressources de son art et de son affection sans avoir pu faire briller un faible rayon de plaisir sur ce visage morne et flétri, il déplorait l'impuissance de sa parole, et se reprochait amèrement l'inhabileté de sa tendresse.

Un jour il la trouva plus anéantie, plus accablée que jamais. Il n'osa point lui parler et s'assit auprès d'elle d'un air triste. Indiana se tournant alors vers lui et lui pressant la main tendrement :

— Je te fais bien du mal, pauvre Ralph ! lui dit-elle ; et il faut que tu aies bien de la patience pour supporter le spectacle d'une infortune si lâche et si égoïste que la mienne. Va, ta rude tâche est depuis long-temps remplie. L'exigence la plus insensée ne pourrait pas demander à l'amitié plus que tu n'as fait pour moi. Maintenant, va, abandonne-moi au mal qui me ronge; ne gâte pas ta vie pure et sainte au contact d'une vie maudite; essaie de trouver ailleurs le bonheur qui ne peut pas naître auprès de moi. Va, bon Ralph, renonce à me guérir et ne te laisse pas dévorer par la contagion.

— Je renonce en effet à vous guérir, Indiana, répondit-il; mais je ne vous abandonnerai jamais, même quand vous me diriez que je vous suis importun; car vous avez encore besoin de soins matériels, et si vous ne voulez pas que je sois votre ami, je serai au moins votre laquais. Cependant, écoutez-moi : j'ai un expédient à vous proposer que j'ai réservé pour la dernière période du mal, mais qui certes est infaillible.

— Je ne connais qu'un remède au chagrin, répondit-elle, c'est l'oubli; car j'ai eu le temps de me convaincre que la raison est impuissante. Espérons donc tout du temps. Si ma volonté pouvait obéir à la reconnaissance que tu m'inspires, dès à présent je serais riante et calme comme aux jours de notre enfance; crois bien, ami, que je ne me plais pas à nourrir mon mal et à envenimer ma blessure; ne sais-je pas que toutes mes souffrances retombent sur ton cœur? Hélas! je voudrais oublier, guérir! Mais je ne suis qu'une faible femme. Ralph, sois patient et ne me crois pas ingrate.

Elle fondit en larmes. Ralph prit sa main :
— Écoute, ma chère Indiana, lui dit-il, l'oubli n'est pas en notre pouvoir; je ne t'accuse pas; je puis souffrir patiemment, mais te voir souffrir est au-dessus de mes forces. D'ailleurs, pourquoi lutter ainsi, faibles créatures que nous sommes, contre une destinée de fer? C'est bien assez traîner ce boulet; le

Dieu que nous adorons, toi et moi, n'a pas destiné l'homme à tant de misère, sans lui donner l'instinct de s'y soustraire; et ce qui fait, à mon avis, la principale supériorité de l'homme sur la brute, c'est de comprendre où est le remède à tous ses maux. Ce remède, c'est le suicide; c'est celui que je te propose, que je te conseille.

— J'y ai souvent songé, répondit Indiana après un court silence. Jadis de violentes tentations m'y convièrent; mais un scrupule religieux m'arrêta. Depuis, mes idées s'élevèrent dans la solitude. Le malheur, en s'attachant à moi, m'enseigna peu à peu une autre religion que la religion enseignée par les hommes. Quand tu es venu à mon secours, j'étais déterminée à me laisser mourir de faim; mais tu m'as priée de vivre, et je n'avais pas le droit de te refuser ce sacrifice. Maintenant ce qui m'arrête c'est ton existence, c'est ton avenir. Que feras-tu seul sur la terre, pauvre Ralph, sans famille, sans passions, sans affections? Depuis les affreuses plaies qui m'ont frappée au cœur, je ne te suis plus bonne à rien ; mais je guérirai peut-être. Oui, Ralph, j'y ferai tous mes efforts, je te le jure : patiente encore un peu ; bientôt peut-être pourrai-je sourire... Je veux redevenir paisible et gaie pour te consacrer cette vie que tu as tant disputée au malheur...

— Non, mon amie, non, reprit Ralph, je ne veux point d'un tel sacrifice ; je ne l'accepterai jamais. En quoi mon existence est-elle donc plus précieuse que la vôtre? pourquoi faut-il que vous vous imposiez un avenir odieux pour m'en donner un agréable? Pensez-vous qu'il me fût possible d'en jouir en sentant que votre cœur ne le partage point? Non, je ne suis pas égoïste jusque-là. N'essayons pas, croyez-moi, un héroïsme impossible ; c'est orgueil et présomption que d'espérer abjurer ainsi tout amour de soi-même. Regardons enfin notre situation d'un œil calme, et disposons des jours qui nous restent comme d'un bien commun que l'un de nous n'a pas le droit d'accaparer aux dépens de l'autre. Depuis long-temps, depuis ma naissance, pourrais-je dire, la vie me fatigue et me pèse. Maintenant je ne me sens plus la force de la porter sans aigreur et sans impiété. Partons ensemble, Indiana, retournons à Dieu qui nous avait exilés sur cette terre d'épreuves, dans cette *vallée de larmes*, mais qui sans doute ne refusera pas de nous ouvrir son sein quand, fatigués et meurtris, nous irons lui demander sa clémence et sa pitié. Je crois en Dieu, Indiana, et c'est moi qui le premier vous ai enseigné à y croire. Ayez donc confiance en moi ; un cœur droit ne peut pas tromper celui qui l'interroge avec candeur. Je sens là que nous avons assez souffert l'un et l'autre pour être lavés de nos fautes. Le baptême du malheur a bien assez purifié nos ames ; rendons-les à celui qui nous les a données.

Cette pensée occupa Ralph et Indiana pendant plusieurs jours, au bout desquels il fut décidé qu'ils se donneraient la mort ensemble. Il ne fut plus question que de choisir le genre de suicide.

— C'est une affaire de quelque importance, dit Ralph ; mais j'y avais déjà songé, et voici ce que j'ai à vous proposer. L'action que nous allons commettre n'étant pas le résultat d'une crise d'égarement momentané, mais le but raisonné d'une détermination prise dans un sentiment de piété calme et réfléchie, il importe que nous y apportions le recueillement d'un catholique devant les sacremens de son église. Pour nous, l'univers est le temple où nous adorons Dieu. C'est au sein d'une nature grande et vierge qu'on retrouve le sentiment de sa puissance, pure de toute profanation humaine. Retournons donc au désert, afin de pouvoir prier. Ici, dans cette contrée pullulante d'hommes et de vices, au sein de cette civilisation qui renie Dieu ou le mutile, je sens que je serais gêné, distrait et attristé. Je voudrais mourir joyeux, le front serein, les yeux levés au ciel. Mais où le trouver ici? Je vais donc vous dire le lieu où le suicide m'est apparu sous son aspect le plus noble et le plus solennel. C'est au bord d'un précipice, à l'Ile-Bourbon; c'est au haut de cette cascade qui s'élance diaphane et revêtue d'un prisme éclatant dans le ravin solitaire de Bernica. C'est là que nous avons passé les plus douces heures de notre enfance ; c'est là qu'ensuite j'ai pleuré les chagrins les plus amers de ma vie ; c'est là que j'ai appris à prier, à espérer ; c'est là que je voudrais, par une belle nuit de nos climats, m'ensevelir sous ces eaux pures, et descendre dans la tombe fraîche et fleurie qu'offre la profondeur du gouffre verdoyant. Si vous n'avez pas de prédilection pour un autre endroit de la terre, accordez-moi la satisfaction d'accomplir notre double sacrifice aux lieux qui furent témoins des jeux de notre enfance et des douleurs de notre virilité.

—J'y consens, répondit madame Delmare en mettant sa main dans celle de Ralph en signe de pacte. J'ai toujours été attirée vers le bord des eaux par une sympathie invincible, par le souvenir de ma pauvre Noun. Mourir comme elle me sera doux ; ce sera une expiation de sa mort que j'ai causée.

— Et puis, dit Ralph, un nouveau voyage en mer, fait cette fois dans d'autres sentimens que ceux qui nous ont troublé jusqu'ici, est la meilleure préparation que nous puissions imaginer pour nous recueillir, pour nous détacher des affections terrestres, pour nous élever purs de tout alliage aux pieds de l'être par excellence. Isolés du monde entier, toujours prêts à quitter joyeusement la vie, nous verrons d'un œil ravi la tempête soulever les élémens, et déployer devant nous ses magnifiques effets, ses larges prestiges. Viens, Indiana, partons, secouons la poussière de cette terre ingrate. Mourir ici, sous les yeux de Raymon, ce serait en apparence une vengeance étroite et lâche. Laissons à Dieu le soin de châtier cet homme; allons plutôt lui demander d'ouvrir les trésors de sa miséricorde à ce cœur ingrat et stérile.

Ils partirent. La goëlette *la Nahandove* les porta, rapide et légère comme un oiseau, dans leur patrie deux fois abandonnée. Jamais traversée ne fut si heureuse et si prompte. Il semblait qu'un vent favorable fût chargé de conduire au port ces deux infortunés si long-temps ballotés sur les écueils de la vie. Durant ces trois mois, Indiana recueillit le fruit de sa docilité aux conseils de Ralph. L'air de la mer, si tonique et si pénétrant, raffermit sa santé chétive; le calme rentra dans son cœur fatigué. La certitude d'en avoir bientôt fini avec ses maux produisit sur eux l'effet des promesses du médecin sur un malade découragé. Oublieuse de sa vie passée, elle ouvrit son ame aux émotions profondes de l'espérance religieuse. Ses pensées s'empreignirent toutes d'un charme mystérieux, d'un parfum céleste. Jamais la mer et les cieux ne lui avaient paru si beaux. Il lui sembla les voir pour la première fois, tant elle y découvrit de splendeurs et de richesses. Son front redevint serein, et il sembla qu'un rayon de la divinité avait passé dans ses yeux bleus doucement mélancoliques.

Un changement non moins extraordinaire s'opéra dans l'ame et dans l'extérieur de Ralph; les mêmes causes produisirent à peu près les mêmes effets. Son ame, long-temps raidie contre la douleur, s'amollit à la chaleur vivifiante de l'espérance. Le ciel descendit aussi dans ce cœur amer et froissé. Ses paroles prirent l'empreinte de ses sentimens, et, pour la première fois, Indiana connut son véritable caractère. L'intimité sainte et filiale qui les rapprocha ôta à l'un sa timidité pénible, à l'autre ses préventions injustes. Chaque jour enleva à Ralph une disgrâce de sa nature, à Indiana une erreur de son jugement. En même temps le souvenir poignant de Raymon s'émoussa, pâlit, et tomba pièce à pièce devant les vertus ignorées, devant la sublime candeur de Ralph. A mesure qu'Indiana voyait l'un grandir et s'élever, l'autre s'abaissait dans son opinion. Enfin, à force de comparer ces deux hommes, tout vestige de son amour aveugle et fatal s'éteignit dans son ame.

XIV.

Ce fut l'an passé, par un soir de l'éternel été qui règne dans ces régions, que deux passagers de la goëlette *la Nahandove* s'enfoncèrent dans les montagnes de l'Ile-Bourbon, trois jours après leur débarquement. Ces deux personnes avaient donné ce temps au repos, précaution en apparence fort étrangère au dessein qui les amenait dans la contrée. Mais elles n'en jugèrent pas ainsi apparemment; car, après avoir pris le *faham* ensemble sous la varangue, elles s'habillèrent avec un soin particulier, comme si elles eussent eu le projet d'aller passer la soirée à la ville, et prenant le sentier de la montagne, elles arrivèrent après une heure de marche au ravin de Bernica.

Le hasard voulut que ce fût une des plus belles soirées que la lune eût éclairée sous les tropiques. Cet astre, à peine sorti des flots noirâtres, commençait à répandre sur la mer une longue traîne de vif-argent; mais ses lueurs ne pénétraient point dans la gorge, et les marges du lac ne répétaient que le reflet tremblant de quelques étoiles. Les citronniers répandus sur le versant de la montagne supérieure ne se couvraient même pas de ces pâles diamans que la lune sème sur leurs feuilles cassantes et polies. Les ébéniers et les tamarins murmuraient dans l'ombre ; seulement quelques gigantesques palmistes élevaient à cent pieds du sol leurs tiges menues, et les bouquets de palmes placés à leur cime s'argentaient seuls d'un éclat verdâtre.

Les oiseaux de mer se taisaient dans les crevasses du rocher, et quelques pigeons bleus cachés derrière les corniches de la montagne, faisaient seuls entendre au loin leur voix triste et passionnée. De beaux scarabées, vivantes pierreries, bruissaient faiblement dans les caféiers ou rasaient, en bourdonnant, la surface du lac, et le bruit uniforme de la cascade semblait échanger des paroles mystérieuses avec les échos de ses rives.

Les deux promeneurs solitaires parvinrent, en tournant le long d'un sentier es-

escarpé, au haut de la gorge, à l'endroit ou le torrent s'élance en colonne de vapeur blanche et légère au fond du précipice. Ils se trouvèrent alors sur une petite plate-forme parfaitement convenable à l'exécution de leur projet. Quelques lianes suspendues à des tiges de raphia formaient en cet endroit un berceau naturel qui se penchait sur la cascade. Sir Ralph, avec un admirable sang-froid, coupa quelques rameaux qui eussent pu gêner leur élan, puis il prit la main de sa cousine et la fit asseoir sur une roche moussue d'où le délicieux aspect de ce lieu se déployait au jour dans toute sa grâce énergique et sauvage. Mais en cet instant l'obscurité de la nuit et la vapeur condensée de la cascade enveloppaient les objets et faisaient paraître incommensurable et terrible la profondeur du gouffre.

—Je vous fais observer, ma chère Indiana, lui dit-il, qu'il est nécessaire d'apporter un très grand sang-froid au succès de notre entreprise. Si vous vous élanciez précipitamment du côté que l'épaisseur des ténèbres vous fait paraître vide, vous vous briseriez infailliblement sur les rochers et vous n'y trouveriez qu'une mort lente et cruelle ; mais en ayant soin de vous jeter dans cette ligne blanche que décrit la chute d'eau, vous arriverez dans le lac avec elle, et la cascade elle-même prendra soin de vous y plonger. Au reste, si vous voulez attendre encore une heure, la lune sera assez haut dans le ciel pour nous prêter sa lumière.

— J'y consens d'autant plus, répondit Indiana, que nous devons consacrer ces derniers instans à des pensées religieuses.

— Vous avez raison, mon amie, reprit Ralph. Je pense que cette heure suprême est celle du recueillement et de la prière. Je ne dis pas que nous devions nous réconcilier avec l'Éternel, ce serait oublier la distance qui nous sépare de sa puissance sublime; mais nous devons, je pense, nous réconcilier avec les hommes qui nous ont fait souffrir et confier à la brise qui souffle vers le nord-est, des paroles de miséricorde pour les êtres dont trois mille lieues nous séparent.

Indiana reçut cette offre sans surprise, sans émotion. Depuis plusieurs mois l'exaltation de ses pensées avait grandi en proportion du changement opéré dans Ralph. Elle ne l'écoutait plus comme un conseiller flegmatique, elle le suivait en silence comme un bon génie chargé de l'enlever à la terre et de la délivrer de ses tourmens.

— J'y consens, dit-elle; je sens avec joie que je puis pardonner sans effort, que je n'ai dans le cœur ni haine, ni regret, ni amour, ni ressentiment; à peine si à l'heure où je touche je me souviens des chagrins de ma triste vie et de l'ingratitude des êtres qui m'ont environnée. Grand Dieu! tu vois le fond de mon cœur; tu sais qu'il est pur et calme, et que toutes mes pensées d'amour et d'espoir sont tournées vers toi.

Alors Ralph s'assit aux pieds d'Indiana et se mit à prier d'une voix forte qui dominait le bruit de la cascade. C'était la première fois peut-être depuis qu'il était né que sa pensée tout entière venait se placer sur ses lèvres. L'heure de mourir était sonnée; cette ame n'avait plus ni entraves, ni mystères ; elle n'appartenait plus qu'à Dieu ; les fers de la société ne pesaient plus sur elle. Ses ardeurs n'étaient plus des crimes, son élan était libre vers le ciel qui l'attendait; le voile qui cachait tant de vertu, de grandeur et de puissance tomba tout-à-fait, et l'esprit de cet homme s'éleva du premier bond au niveau de son cœur. Ainsi qu'une flamme ardente brille au milieu des tourbillons de la fumée et les dissipe, le feu sacré qui dormait ignoré au fond de ses entrailles, fit jaillir sa vive lumière. La première fois que cette conscience rigide se trouva délivrée de ses craintes et de ses liens, la parole vint d'elle-même au secours de la pensée, et l'homme médiocre qui n'avait dit dans toute sa vie que des choses communes, devint à sa dernière heure éloquent et persuasif comme jamais ne l'avait été Raymon. N'attendez pas que je vous répète les étranges discours qu'il confia aux échos de la solitude ; lui-même, s'il était ici, ne pourrait nous les redire. Il est des instans d'exaltation et d'extase où nos pensées s'épurent, se subtilisent, s'éthèrent en quelque sorte. Ces rares instans nous élèvent si haut, nous emportent si loin de nous-mêmes, qu'en retombant sur la terre, nous perdons la conscience et le souvenir de cette ivresse intellectuelle. Qui peut comprendre les mystérieuses visions de l'anachorète ? Qui peut raconter les rêves du poëte avant qu'il se soit refroidi à nous les écrire? Qui peut nous dire les merveilles qui se révèlent à l'ame du juste, à l'heure où le ciel s'entr'ouvre pour le recevoir? Ralph, cet homme si vulgaire en apparence, homme d'exception pourtant, car il croyait fermement à Dieu et consultait jour par jour le livre de sa conscience, Ralph réglait en ce moment ses comptes avec l'éternité. C'était le moment d'être lui, de mettre à nu tout son être moral, de se dépouiller, devant le Juge, du déguisement que les hommes lui avaient imposé. En jetant le cilice que la douleur avait attaché à ses os, il se leva sublime et radieux comme s'il fût déjà entré au séjour des récompenses divines.

En l'écoutant, Indiana ne songea point à s'étonner; elle ne se demanda pas si c'était Ralph qui parlait ainsi. Le Ralph qu'elle avait connu n'existait plus, et celui qu'elle écoutait maintenant lui semblait un ami qu'elle avait vu jadis dans ses rêves et qui se réalisait enfin pour elle sur le bord de la tombe. Elle sentit son ame pure s'élever du même vol. Une ardente sympathie religieuse l'initiait aux mêmes impressions; des larmes d'enthousiasme coulèrent de ses yeux sur les cheveux de Ralph.

Alors la lune se trouva au-dessus de la cime du grand palmiste, et son rayon pénétrant l'interstice des lianes enveloppa Indiana d'un éclat pâle et humide qui la faisait ressembler, avec sa robe blanche et ses longs cheveux tressés sur ses épaules, à l'ombre de quelque vierge égarée dans le désert.

Ralph s'agenouilla devant elle et lui dit :

— Maintenant, Indiana, il faut que tu me pardonnes tout le mal que je t'ai fait, afin que je puisse me le pardonner à moi-même.

— Hélas! répondit-elle, qu'ai-je donc à te pardonner, pauvre Ralph ? Ne dois-je pas, au contraire, te bénir à mon dernier jour, comme tu m'as forcé de le faire dans tous les jours de malheur qui ont marqué ma vie !

— Je ne sais jusqu'à quel point j'ai été coupable, reprit Ralph ; mais il est impossible que dans une si longue et si terrible lutte avec mon destin, je ne l'aie pas été bien des fois à l'insu de moi-même.

— De quelle lutte parlez-vous? demanda Indiana.

— C'est là, répondit-il, ce que je dois vous expliquer avant de mourir; c'est le secret de ma vie. Vous me l'avez demandé sur le navire qui nous ramenait, et j'ai promis de vous le révéler au bord du lac Bernica, la dernière fois que la lune se lèverait sur nous.

— Le moment est venu, dit-elle, je vous écoute.

— Prenez donc patience; car j'ai tout une longue histoire à vous raconter, Indiana, et cette histoire est la mienne.

— Je croyais la connaître, moi qui ne vous ai presque jamais quitté.

— Vous ne la connaissez point; vous n'en connaissez pas un jour, pas une heure, dit Ralph avec tristesse. Quand donc aurais-je pu vous la dire? Le ciel a voulu que le seul instant propre à cette confidence fût le dernier de votre vie et de la mienne. Mais autant criminelle et folle elle eût été naguères, autant elle est innocente et licite aujourd'hui. C'est une satisfaction personnelle que nul n'a droit de me reprocher à l'heure où nous sommes, et que vous m'accorderez pour compléter la tâche de patience et de douceur que vous avez accomplie envers moi. Supportez donc jusqu'au bout le poids de mon infortune ; et, si mes paroles vous fatiguent ou vous irritent, écoutez le bruit de la cataracte qui chante sur moi l'hymne des morts.

« J'étais né pour aimer. Aucun de vous n'a voulu le croire, et cette méprise a décidé de mon caractère. Il est vrai que la nature, en me donnant une ame chaleureuse, avait fait un singulier contre-sens. Elle avait mis sur mon visage un masque de pierre, et sur ma langue un poids insurmontable ; elle m'avait refusé ce qu'elle accorde aux êtres les plus grossiers, le pouvoir d'exprimer mes sensations par le regard ou par la parole. Cela me fit égoïste. On jugea de l'être moral par l'enveloppe extérieure, et, comme un fruit stérile, il fallut me dessécher sous la rude écorce que je ne pouvais dépouiller. A peine né, je fus repoussé de l'opinion dont j'avais le plus besoin. Ma mère m'éloigna de son sein avec dégoût, parce que mon visage d'enfant ne savait pas lui rendre son sourire. A l'âge où le cœur sait à peine distinguer un sentiment d'avec un besoin, j'étais déjà flétri de l'odieuse appellation d'égoïste.

» Alors il fut décidé que personne ne m'aimerait, parce que je ne savais dire mon affection à personne. On me fit malheureux; on prononça que je ne le sentais pas; on m'exila presque du toit paternel; on m'envoya vivre sur les rochers comme un pauvre oiseau des grèves. Vous savez quelle fut mon enfance, Indiana. Je passai mes longs jours au désert sans que jamais une mère inquiète vînt y chercher la trace de mes pas, sans qu'une voix amie s'élevât dans le silence des ravins pour m'avertir que la nuit me rappelait au bercail. Je grandis seul. J'ai vécu seul ; mais Dieu n'a pas permis que je fusse malheureux jusqu'au bout, car je ne mourrai pas seul.

» Cependant le ciel m'envoya dès-lors un présent, une consolation, une espérance. Vous vîntes dans ma vie comme s'il vous eût créée pour moi. Pauvre enfant! abandonné comme moi, comme moi jeté dans la vie sans amour et sans protection, vous sembliez m'être destinée; du moins je m'en flattai. Fus-je trop présomptueux? Pendant dix ans vous fûtes à moi, à moi sans partage, sans rivaux, sans tourmens. Alors je n'avais pas encore compris ce que c'est que la jalousie.

» Ce temps, Indiana, fut le moins sombre que j'aie parcouru. Je fis de vous ma sœur, ma fille, ma compagne, mon élève, ma société. Le besoin que vous aviez de moi, fit de ma vie quelque chose de plus que celle d'un animal sauvage. Je sortis pour vous de l'abattement où le mépris de mes proches m'avait jeté. Je commençai à m'estimer en vous devenant utile. Il faut tout dire, Indiana; après avoir accepté pour vous le fardeau de la vie, mon imagination y plaça l'espoir d'une récompense. Je m'habituai (pardonnez-moi les mots que je vais employer; encore aujourd'hui, je ne les prononce qu'en tremblant), je m'habituai à penser que vous seriez ma femme; toute enfant, je vous regardai comme ma fiancée; mon imagination vous parait déjà des grâces de la jeunesse; j'étais impatient de vous voir grande. Mon frère, qui avait usurpé ma part d'affection dans la famille, et qui se plaisait aux soins domestiques, cultivait un jardin sur la colline qu'on voit d'ici pendant le jour et que de nouveaux planteurs ont transformée en rizière. Le soin de ses fleurs remplissait ses plus doux momens, et chaque matin il allait d'un œil impatient épier leur progrès, et s'étonner, enfant qu'il était, qu'elles n'eussent pas pu grandir dans une nuit au gré de son attente.

»Pour moi, Indiana, vous étiez toute mon

occupation, toute ma joie, toute ma richesse ; vous étiez la jeune plante que je cultivais, le bouton que j'étais impatient de voir fleurir. J'épiais aussi au matin l'effet d'un soleil de plus passé sur votre tête ; car j'étais déjà un jeune homme et vous n'étiez encore qu'un enfant. Déjà fermentaient dans mon sein des passions dont le nom vous était inconnu ; mes quinze ans ravageaient mon imagination, et vous vous étonniez de me voir souvent triste, partager vos jeux sans y prendre plaisir. Vous ne conceviez pas qu'un fruit, un oiseau, ne fussent plus pour moi comme pour vous des richesses, et je vous semblais déjà froid et bizarre. Cependant, vous m'aimiez tel que j'étais ; car malgré ma mélancolie je n'avais pas un instant qui ne vous fût consacré ; mes souffrances vous rendaient plus chère à mon cœur ; je nourrissais le fol espoir qu'il vous serait donné un jour de les changer en joies.

» Hélas ! pardonnez-moi la pensée sacrilége qui m'a fait vivre dix ans ; si ce fut un crime à l'enfant maudit d'espérer en vous, belle et simple fille des montagnes, Dieu seul est coupable de lui avoir donné, pour tout aliment, cette audacieuse pensée. De quoi pouvait-il exister, ce cœur froissé, méconnu, qui trouvait partout des besoins et nulle part un refuge? De qui pouvait-il attendre un regard, un sourire d'amour, si ce n'est de vous dont il fut l'amant presque aussitôt que le père ?

» Et ne vous effrayez pas cependant d'avoir grandi sous l'aile d'un pauvre oiseau dévoré d'amour; jamais aucune adoration impure, aucune pensée coupable ne vint mettre en danger la virginité de votre ame; jamais ma bouche n'enleva à vos joues cette fleur d'innocence qui les couvrait comme les fruits au matin d'une vapeur humide. Mes baisers furent ceux d'un père, et quand vos lèvres innocentes et folâtres rencontraient les miennes, elles n'y trouvaient pas le feu cuisant d'un désir viril. Non, ce n'était pas de vous, petite fille aux yeux bleus, que j'étais épris. Telle que vous étiez là, dans mes bras, avec votre candide sourire et vos gentilles caresses, vous n'étiez que mon enfant, ou tout au plus ma petite sœur; mais j'étais amoureux de vos quinze ans, quand livré seul à l'ardeur des miens, je dévorais l'avenir d'un œil avide.

» Quand je vous lisais l'histoire de Paul et de Virginie vous ne la compreniez qu'à demi. Vous pleuriez, cependant : vous aviez vu l'histoire d'un frère et d'une sœur, là où j'avais frissonné de sympathie en apercevant les angoisses de deux amans. Ce livre fit mon tourment, tandis qu'il faisait votre joie. Vous vous plaisiez à m'entendre lire l'attachement du chien fidèle, la beauté des cocotiers et les chants du nègre Domingue.

Moi je relisais seul les entretiens de Paul et de son amie; les impétueux soupçons de l'un, les secrètes souffrances de l'autre. Oh! que je les comprenais bien ces premières inquiétudes de l'adolescence, qui cherche dans son cœur l'explication des mystères de la vie et qui s'empare avec enthousiasme du premier objet d'amour qui s'offre à lui! Mais rendez-moi justice, Indiana, je ne commis pas le crime de hâter d'un seul jour le cours paisible de votre enfance; je ne laissai pas échapper un mot qui pût vous apprendre qu'il y avait dans la vie des tourmens et des larmes. Je vous ai laissée, à dix ans, dans toute l'ignorance, dans toute la sécurité dont vous étiez pourvue quand votre nourrice vous mit dans mes bras un jour que j'avais résolu de mourir.

»Souvent seul, assis sur cette roche, je me suis tordu les mains avec frénésie en écoutant tous ces bruits de printemps et d'amour que la montagne recèle, en voyant les sucriers se poursuivre et s'agacer, les insectes s'endormir voluptueusement embrassés dans le calice des fleurs; en respirant la poussière embrasée que les palmiers s'envoient, transports aériens, plaisirs subtils auxquels la molle brise de l'été sert de couche. Alors j'étais ivre, j'étais fou, je demandais l'amour aux fleurs, aux oiseaux, à la voix du torrent. J'appelais avec fureur ce bonheur inconnu dont l'idée seule me faisait délirer. Mais si je vous apercevais accourant à moi folâtre et rieuse, là-bas sur le sentier, si petite au loin et si malhabile à franchir les rochers, qu'on vous eût prise, avec votre robe blanche et vos cheveux bruns, pour un pingoin des terres australes; alors mon sang se calmait, mes lèvres ne brûlaient plus; j'oubliais devant l'Indiana de sept ans l'Indiana de quinze ans que je venais de rêver; je vous ouvrais mes bras avec une joie pure, vos caresses rafraîchissaient mon front, j'étais heureux, j'étais père !

» Que de journées libres et paisibles nous avons passées au fond de ce ravin! Combien de fois j'ai baigné vos petits pieds dans l'eau pure de ce lac! Combien de fois je vous ai regardée dormir dans ces roseaux, ombragée pour parasol d'une feuille de latanier! C'est alors quelquefois que mes tourmens recommençaient. Je m'affligeais de vous voir si petite; je me demandais si avec de telles angoisses je vivrais jusqu'au jour où vous pourriez me comprendre et me répondre. Je soulevais doucement vos cheveux fins comme la soie et je les baisais avec amour. Je les comparais avec d'autres boucles que j'avais coupées sur votre front les années précédentes et que je gardais dans mon portefeuille. Je m'assurais avec plaisir des teintes plus foncées que chaque printemps leur avait données. Puis je regardais sur le tronc d'un dattier voisin divers signes que j'y avais gravés pour marquer l'élévation progressive de votre taille durant quatre ou cinq ans. L'arbre porte encore ces cicatrices, Indiana, je les ai retrouvées la dernière fois que je suis venu souffrir ici. Hélas! en vain vous avez grandi; en vain votre beauté a tenu ses promesses, en vain vos cheveux sont devenus noirs comme l'ébène, vous n'avez pas grandi pour moi, ce n'est pas pour moi que vos charmes se sont développés, c'est pour un autre que votre cœur a battu pour la première fois.

» Vous souvenez-vous comme nous filions, légers comme deux tourterelles, le long des buissons de Jam-rosiers? Vous souvenez-vous aussi que nous nous égarions parfois dans les savanes qui s'étendent au-dessus de nous? Une fois nous entreprîmes d'atteindre aux sommets brumeux des Salazes ; mais nous n'avions pas prévu qu'à mesure que nous montions, les fruits devenaient plus rares, les cataractes moins abordables, le vent plus terrible et plus dévorant.

» Quand vous vîtes la végétation fuir derrière nous, vous voulûtes retourner; mais quand nous eûmes traversé la région des capillaires, nous trouvâmes une quantité de fraisiers, et vous étiez si occupée à remplir votre panier de leurs fruits, que vous ne songiez plus à quitter ce lieu. Il fallut renoncer à aller plus loin. Nous ne marchions plus que sur des roches volcaniques persillées comme du biscuit et parsemées de plantes laineuses; ces pauvres herbes, battues des vents, nous faisaient penser à la bonté de Dieu qui semble leur avoir donné un vêtement chaud pour résister aux outrages de l'air. Et puis la brume devint si épaisse que nous ne pouvions plus nous diriger, et qu'il fallut redescendre. Je vous rapportai dans mes bras. Je descendis avec précaution les pentes escarpées de la montagne. La nuit nous surprit à l'entrée du premier bois qui fleurissait dans la troisième région. J'y cueillis des grenades pour vous, et pour étancher ma soif je me contentai de ces lianes dont la sève abondante fournit, quand on casse leurs rameaux, une eau pure et fraîche. Nous nous rappelâmes alors l'aventure de nos héros favoris égarés dans les bois de la Rivière-Rouge. Mais, nous autres, nous n'avions ni mères tendres, ni serviteurs empressés, ni chien fidèle pour s'enquérir de nous. Eh bien! j'étais content, j'étais fier, j'étais seul chargé de veiller sur vous, et je me trouvais plus heureux que Paul.

» Oui, c'était un amour pur, un amour profond et vrai que déjà vous m'inspiriez. Noun, à dix ans, était plus grande que vous de toute la tête ; créole dans toute l'étendue de l'acception, elle était déjà développée, son œil humide s'aiguisait déjà d'une expression singulière, sa contenance et son caractère étaient ceux d'une jeune fille. Eh bien! je n'aimais pas Noun, ou bien je ne l'aimais qu'à cause de vous dont elle partageait les jeux. Il ne m'arrivait point de me demander si elle était déjà belle, si elle le serait quelque jour davantage. Je ne la regardais pas. A mes yeux elle était plus enfant que vous. C'est que je vous aimais. Je comptais sur vous; vous étiez la compagne de ma vie, le rêve de ma jeunesse....

» Mais j'avais compté sans l'avenir. La mort de mon frère me condamna à épouser sa fiancée. Je ne vous dirai rien de ce temps de ma vie; ce ne fut pas encore le plus amer, Indiana, et cependant je fus l'époux d'une femme qui me haïssait et que je ne pouvais aimer. Je fus père, et je perdis mon fils; je devins veuf, et j'appris que vous étiez mariée!

» Ces jours d'exil en Angleterre, cette épo-

que de douleur, je ne vous les raconte pas.
Si j'eus des torts envers quelqu'un, ce ne
fut pas envers vous; et si quelqu'un en eut
envers moi, je ne veux pas m'en plaindre.
Là je devins plus *égoïste*, c'est-à-dire plus
triste et plus défiant que jamais. A force de
douter de moi, on m'avait contraint à devenir orgueilleux, et à compter sur moi-même. Aussi je n'eus, pour me soutenir dans
ces épreuves, que le témoignage de mon
cœur. On me fit un crime de ne pas chérir
une femme qui ne m'épousa que par contrainte, et ne me témoigna jamais que du
mépris! On a remarqué depuis, comme un
des principaux caractères de mon égoïsme,
l'éloignement que je semblais éprouver pour
les enfans. Il est arrivé à Raymon de me railler cruellement sur cette disposition, en
observant que les soins nécessaires à l'éducation des enfans cadraient mal avec les habitudes rigidement méthodiques d'un vieux
garçon. Je pense qu'il ignorait que j'ai été

père, et que c'est moi qui vous ai élevée. Mais aucun de vous n'a voulu comprendre que le souvenir de mon fils était, après bien des années, aussi cuisant pour moi que le premier jour, et que mon cœur ulcéré se gonflait à la vue des blondes têtes qui me le rappelaient. Quand un homme est malheureux, on craint de ne pas le trouver assez coupable, parce qu'on craint d'être forcé de le plaindre.

» Mais ce que nul ne pourra jamais comprendre, c'est l'indignation profonde, c'est le désespoir sombre qui s'emparèrent de moi lorsqu'on m'arracha de ces lieux, moi pauvre enfant du désert à qui personne n'avait daigné jeter un regard de pitié, pour me charger des liens de la société ; lorsqu'on m'imposa d'occuper une place vide dans ce monde qui m'avait repoussé ; lorsqu'on voulut me faire comprendre que j'avais des devoirs à remplir envers ces hommes qui avaient méconnu les leurs envers moi. Eh quoi ! nul d'entre les miens n'avait voulu être mon appui, et maintenant tous me convoquaient à l'assemblée de leurs intérêts pour me charger de les défendre ! On ne voulait pas même me laisser jouir en paix de ce qu'on ne dispute point aux Parias, l'air de la solitude ! Je n'avais dans la vie qu'un bien, un espoir, une pensée, celle que vous m'apparteniez pour toujours. On me l'enleva, on me dit que vous n'étiez pas assez riche pour moi. Amère dérision ! moi que les montagnes avaient nourri et que le toit paternel avait répudié ! moi à qui l'on n'avait pas laissé connaître l'usage des richesses, et à qui on imposait maintenant la charge de faire prospérer celles des autres !

» Cependant je me soumis. Je n'avais pas le droit d'élever une prière pour qu'on épargnât mon chétif bonheur ; j'étais bien assez dédaigné, résister c'eût été me rendre odieux. Inconsolable de la mort de son autre fils, ma mère me menaçait de mourir elle-même si je n'obéissais à mon destin. Mon père, qui m'accusait de ne savoir pas le consoler, comme si j'étais coupable du peu d'amour qu'il m'accordait, était prêt à me maudire si j'essayais d'échapper à son joug. Je courbai la tête; mais ce que je souffris, vous-même qui fûtes aussi bien malheureuse, Indiana, ne sauriez l'apprécier. Si, poursuivi, froissé, opprimé comme je l'ai été, je n'ai point rendu aux hommes le mal pour le mal, peut-être faut-il en conclure que je n'avais pas le cœur stérile, comme on me l'a reproché.

» Quand je revins ici, quand je vis l'homme auquel on t'avait mariée... pardonne, Indiana, c'est là que je fus vraiment égoïste : il y a toujours de l'égoïsme dans l'amour, puisqu'il y en eut même dans le mien; j'éprouvai je ne sais quelle joie cruelle en pensant que ce simulacre légal te donnait un maître et non pas un époux. Tu t'étonnas de l'espèce d'affection que je lui témoignai. C'est que, vois-tu, je ne trouvai pas en lui un rival. Je savais bien que ce vieillard ne pouvait ni inspirer, ni ressentir l'amour, et que ton cœur sortirait vierge de cet hyménée. Je lui fus reconnaissant de tes froideurs et de tes tristesses. S'il fût resté ici, je serais peut-être devenu bien coupable; mais vous me laissâtes seul, et il ne fut pas en mon pouvoir de vivre sans toi. J'essayai de vaincre cet indomptable amour qui s'était rallumé dans toute sa violence, en te retrouvant belle et mélancolique comme je t'avais rêvée dès tes jeunes ans. Mais la solitude ne fit qu'aigrir mon mal et je cédai au besoin que j'avais de te voir, de vivre sous le même toit, de respirer le même air, de m'enivrer à toute heure du son harmonieux de ta voix. Tu sais quels obstacles je devais rencontrer, quelles méfiances je devais combattre; je compris alors quels devoirs je

m'imposais; je ne pouvais associer ma vie
à la tienne sans rassurer ton époux par une
promesse sacrée, et je n'ai jamais su ce
que c'était de me jouer de ma parole. Je
m'engageai donc d'esprit et de cœur à n'oublier jamais mon rôle de frère, et dis-moi,
Indiana, ai-je trahi mon serment?

» J'ai compris aussi qu'il me serait difficile,
impossible peut-être d'accomplir cette tâche
rigide, si je dépouillais le déguisement qui
éloignait de moi tout rapport intime, tout
sentiment profond; j'ai compris qu'il ne me
fallait pas jouer avec le danger, car ma passion était trop ardente pour sortir victorieuse
d'un combat. J'ai senti qu'il fallait élever
autour de moi un triple mur de glace, afin
de m'aliéner ton intérêt, afin de m'arracher
ta compassion qui m'eussent perdu. Je me
suis dit que le jour où tu me plaindrais, je
serais déjà coupable, et j'ai consenti à vivre
sous le poids de cette affreuse accusation

de sécheresse et d'égoïsme, que, grâce au ciel, vous ne m'avez pas épargnée. Le succès de ma feinte a passé mon espérance ; vous m'avez prodigué une sorte de pitié insultante comme celle qu'on accorde aux eunuques, vous m'avez refusé une ame et des sens, vous m'avez foulé aux pieds, et je n'ai pas eu le droit de montrer même l'énergie de la colère et de la vengeance, car c'eût été me trahir et vous apprendre que j'étais un homme.

» Je me plains des hommes et non pas de toi, Indiana. Toi, tu fus toujours bonne et miséricordieuse, tu me supportas sous le vil travestissement que j'avais pris pour t'approcher. Tu ne me fis jamais rougir de mon rôle, tu me tins lieu de tout, et quelquefois je pensai avec orgueil que si tu me gardais avec bienveillance tel que je m'étais fait pour être méconnu, tu m'aimerais peut-être si tu pouvais me connaître un jour. Hélas ! quelle autre que toi ne m'eût repoussé ! quelle autre eût tendu la main à ce cretin sans intelligence et sans voix ? Excepté toi, tous se sont éloignés avec dégoût de l'*égoïste !* Ah ! c'est qu'il n'y avait au monde qu'un être assez généreux pour ne pas se rebuter de cet échange sans profit ; il n'y avait qu'une ame assez large pour répandre le feu sacré qui la vivifiait jusque sur l'ame étroite et glacée du pauvre abandonné. Il fallait un cœur qui eût de trop ce que je n'avais pas assez. Il n'était sous le ciel qu'une Indiana capable d'aimer un Ralph !

» Après toi, celui qui me montra le plus d'indulgence, ce fut Delmare. Tu m'as accusé de te préférer cet homme, de sacrifier ton bien-être au mien propre en refusant d'intervenir dans vos débats domestiques. Injuste et aveugle femme ! tu n'as pas vu que je t'ai servi autant qu'il a été possible de le faire, et surtout tu n'as pas compris que je ne pouvais élever la voix en ta faveur sans me trahir. Que serais-tu devenue si Delmare m'eût chassé de chez lui? qui t'aurait protégée patiemment, en silence, mais avec la persévérante fermeté d'un amour impérissable? Ce n'eût pas été Raymon! Et puis, je l'aimais par reconnaissance, je l'avoue, cet être rude et grossier qui pouvait m'arracher le seul bonheur qui me restât et qui ne l'a pas fait; cet homme, dont le malheur était de ne pas être aimé de toi et dont l'infortune avait des sympathies secrètes avec la mienne! Je l'aimais aussi par cela même qu'il ne m'avait jamais fait endurer les tortures de la jalousie...

» Mais me voici arrivé à vous parler de la plus effroyable douleur de ma vie, de ces temps de fatalité, où votre amour tant rêvé appartint à un autre. C'est alors que je compris tout-à-fait l'espèce de sentiment que je comprimais depuis tant d'années. C'est alors que la haine versa ses poisons dans mon sein et que l'amour effréné avec ses tentations infernales et ses rêves délirans dévora le reste de mes forces. Jusque-là mon imagination vous avait gardée pure ; mon respect vous entourait d'un voile que la naive audace des songes n'osait pas même soulever ; mais quand j'eus la pensée qu'un autre vous entraînait dans sa destinée, vous arrachait à ma puissance et s'enivrait à longs traits du bonheur que je n'osais pas même rêver, je devins furieux ; j'aurais voulu, cet homme exécré, le voir au fond de ce gouffre pour lui briser la tête à coups de pierre.

» Cependant vos maux furent si grands que j'oubliai les miens. Je ne voulus pas le tuer, parce que vous l'auriez pleuré. J'eus même envie vingt fois, que le ciel me pardonne ! d'être infâme et vil, de trahir Delmare et de servir mon ennemi. Oui, Indiana, je fus si insensé, si misérable de vous voir souffrir, que je me repentis d'avoir cherché à vous éclairer, et que j'aurais donné ma vie pour léguer mon cœur à cet homme! **Oh! le scélérat!** que Dieu lui pardonne les maux qu'il m'a faits; mais qu'il le punisse de ceux qu'il a amassés sur votre tête! C'est pour ceux-là que je le hais; car pour moi, je ne sais plus quelle a été ma vie, quand je regarde ce qu'il a fait de la vôtre. C'est lui que la société eût dû marquer au front dès le jour de sa naissance! c'est lui qu'elle eût dû flétrir et repousser comme le cœur le plus aride et le plus pervers! Mais, au contraire, elle l'a porté en triomphe. Ah! je reconnais bien là les hommes, et je ne devrais pas m'indigner, car en adorant l'être difforme qui décime le bonheur et la considération d'autrui, ils ne font qu'obéir à leur nature.

» **Pardon, Indiana, pardon!** Il est cruel peut-être de me plaindre devant vous, mais c'est la première et la dernière fois; laissez-moi maudire l'ingrat qui vous pousse dans la tombe. Il a fallu cette formidable leçon pour vous ouvrir les yeux. En vain du lit de mort de Delmare et de celui de Noun une voix s'est élevée pour vous crier : « Prends garde à lui, il te perdra! » Vous avez été sourde; votre mauvais génie vous a entraînée, et, flétrie que vous êtes, l'opinion vous condamne et l'absout. Il a fait toutes sortes de maux, lui, et l'on n'y a pas fait attention. Il a tué Noun, et vous l'avez oublié; il vous a perdue, et vous lui avez pardonné. C'est qu'il savait éblouir les yeux et tromper la raison; c'est que sa parole adroite et perfide pénétrait dans les cœurs; c'est que son regard de vipère fascinait; c'est que la nature, en lui donnant mes traits métalliques et ma lourde intelligence, eût fait de lui un homme complet!

» Oh oui! que Dieu le punisse, car il a été féroce envers vous; ou plutôt qu'il lui pardonne, car il a été plus stupide que méchant peut-être. Il ne vous a pas comprise, il n'a pas apprécié le bonheur qu'il pouvait goûter! Oh! vous l'aimiez tant! et il eût pu rendre votre existence si belle! A sa place, je n'aurais pas été vertueux, mais j'aurais fui avec vous dans le sein des montagnes sauvages; je vous aurais arrachée à la société pour vous posséder à moi seul, et je n'aurais eu qu'une crainte, c'eût été de ne vous voir pas assez maudite, assez abandonnée, afin de vous tenir lieu de tout. J'eusse été jaloux de votre considération, mais dans un autre sens que lui; c'eût été pour la détruire, afin de la remplacer par mon amour. J'eusse souffert de voir un autre homme vous donner une parcelle de bien-être, un instant de satisfaction, c'eût été un vol que l'on m'eût fait ; car votre bonheur, c'eût été là ma tâche, ma propriété, mon existence, mon honneur! Oh! comme ce ravin sauvage pour toute demeure, ces arbres de la montagne pour toute richesse, m'eussent fait vain et opulent, si le

ciel me les eût donnés avec votre amour!...
Laissez-moi pleurer, Indiana ; c'est la première fois de ma vie que je pleure : Dieu a voulu que je ne mourusse pas sans connaître ce triste plaisir. »

Ralph pleurait comme un enfant. C'était la première fois, en effet, que cette ame stoïque se laissait aller à la compassion d'elle-même, encore y avait-il dans ces larmes plus de douleur sur le sort d'Indiana que sur le sien.

— Ne pleurez pas sur moi, lui dit-il en voyant qu'elle aussi était baignée de larmes; ne me plaignez point; votre pitié efface tout le passé, et le présent n'est plus amer. De quoi souffrirais-je maintenant ? vous ne l'aimez plus.

— Si je vous avais connu, Ralph, je ne l'eusse jamais aimé, s'écria madame Delmare; c'est votre vertu qui m'a perdue.

— Et puis, dit Ralph en la regardant avec un douloureux sourire, j'ai bien d'autres sujets de joie; vous m'avez fait, sans vous en douter, une confidence durant les heures d'épanchement de la traversée. Vous m'avez appris que ce Raymon n'avait pas été aussi heureux qu'il avait eu l'audace d'y prétendre, et vous m'avez délivré d'une partie de mes tourmens; vous m'avez ôté le remords de vous avoir si mal gardée, car j'ai eu l'insolence de vouloir vous protéger contre ses séductions; et en cela je vous ai fait injure, Indiana; je n'ai pas eu foi en votre force, c'est encore un de mes crimes qu'il faut me pardonner.

— Hélas! dit Indiana, vous me demandez pardon à moi qui ai fait le malheur de votre vie, à moi qui ai payé un amour si pur et si généreux d'un inconcevable aveuglement, d'une féroce ingratitude ; c'est moi qui devrais ici me prosterner et demander pardon.

— Cet amour n'excite donc ni ton dégoût ni ta colère, Indiana? O mon Dieu! je vous remercie. Je vais mourir heureux! Écoute, Indiana, ne te reproche plus mes maux. A cette heure je ne regrette aucune des joies de Raymon, et je pense que mon sort devrait lui faire envie s'il avait un cœur d'homme. C'est moi maintenant qui suis ton frère, ton époux, ton amant pour l'éternité. Depuis le jour où tu m'as juré de quitter la vie avec moi, j'ai nourri cette douce pensée que tu m'appartenais, que tu m'étais rendue pour ne jamais me quitter; j'ai recommencé à t'appeler tout bas ma fiancée. C'eût été trop de bonheur, ou pas assez peut-être, que de te posséder sur la terre. Dans le sein de Dieu m'attendent les félicités que rêvait mon enfance. C'est là que tu m'aimeras, Indiana; c'est là que ton intelligence divine, dépouillée de toutes les fictions menteuses de cette vie, me tiendra compte de tout une existence de sacrifice, de souffrance et d'abnégation ; c'est là que tu seras mienne, ô mon Indiana! car le ciel, c'est toi; et si j'ai mérité d'être sauvé, j'ai mérité de te posséder. C'est dans ces idées que je t'ai prié de revêtir cet habit blanc ; c'est ta robe de noces; et ce rocher qui s'avance vers le lac, c'est l'autel qui nous attend.

Il se leva, alla cueillir dans le bosquet voisin une branche d'oranger en fleurs, et vint la poser sur les cheveux noirs d'Indiana; puis se mettant à genoux :

— Fais-moi heureux, lui dit-il ; dis-moi que ton cœur consent à cet hymen de l'autre vie. Donne-moi l'éternité; ne me force pas à demander le néant.

Si le récit de la vie intérieure de Ralph n'a produit aucun effet sur vous, si vous n'en êtes pas venu à aimer cet homme vertueux, c'est que j'ai été l'inhabile interprète de ses souvenirs, c'est que je n'ai pas pu exercer non plus sur vous la puissance que possède la voix d'un homme profondément vrai dans sa passion. Et puis la lune ne me prête pas son influence mélancolique ; le chant des sénégalis, les parfums du giroflier, toutes les séductions molles et enivrantes d'une nuit des tropiques ne vous saisissent pas au cœur et à la tête. Vous ne savez peut-être pas non plus, par expérience, quelles sensations fortes et neuves s'éveillent dans l'ame en face du suicide, et comme les choses de la vie apparaissent sous leur véritable aspect, au moment d'en finir avec elles. Cette soudaine et inévitable lumière inonda tous les replis du cœur d'Indiana ; le bandeau qui depuis long-temps se détachait tomba tout-à-fait de ses yeux. Rendue à la vérité, à la nature, elle vit le cœur de Ralph tel qu'il était ; elle vit aussi ses traits tels qu'elle ne les avait jamais vus, car la puissance d'une si haute situation avait produit sur lui le même effet que la pile de Volta sur des membres engourdis ; elle l'avait délivré de cette paralysie qui chez lui enchaînait les yeux et la voix. Paré de sa franchise et de sa vertu, il était bien plus beau que Raymon, et Indiana sentit que c'était lui qu'il aurait fallu aimer.

— Sois mon époux dans le ciel et sur la terre, lui dit-elle, et que ce baiser me fiance à toi pour l'éternité.

Leurs lèvres s'unirent, et sans doute il y a dans un amour qui part du cœur une puissance plus soudaine que dans les ardeurs d'un désir éphémère. Ce baiser, sur le seuil d'une autre vie, résuma pour eux deux toutes les joies de celle-ci.

Alors Ralph prit sa fiancée dans ses bras, et l'emporta pour la précipiter avec lui dans le torrent. ....

XV.

Au mois de janvier dernier j'étais parti de Saint-Paul, par un jour chaud et brillant, pour aller rêver dans les bois sauvages de l'Ile-Bourbon. J'y rêvais de vous, mon ami; ces forêts vierges avaient gardé pour moi le souvenir de vos courses et de vos études;

le sol avait conservé l'empreinte de vos pas. Je retrouvais partout les merveilles dont vos récits magiques avaient charmé mes veillées d'autrefois, et, pour les admirer ensemble, je vous redemandais à la vieille Europe, où l'obscurité vous entoure de ses modestes bienfaits. Homme heureux, dont aucun ami perfide n'a dénoncé au monde l'esprit et le mérite.

J'avais dirigé ma promenade vers un lieu désert situé dans les plus hautes régions de l'île, et nommé la *Plaine des Géans.*

Une large portion de montagne écroulée dans un ébranlement volcanique a creusé sur le ventre de la montagne principale une longue arène hérissée de rochers disposés dans le plus magique désordre, dans la plus épouvantable confusion. Là un bloc immense pose en équilibre sur de minces fragmens; là-bas une muraille de roches

minces, légères, poreuses, s'élève dentelée
et brodée à jour comme un édifice mauresque ; ici un obélisque de basalte, dont un
artiste semble avoir poli et ciselé les flancs,
se dresse sur un bastion crénelé ; ailleurs
une forteresse gothique croule à côté d'une
pagode informe et bizarre. Là se sont donné
rendez-vous toutes les ébauches de l'art,
toutes les esquisses de l'architecture; il semble que les génies de tous les siècles et de
toutes les nations soient venus puiser leurs
inspirations dans cette grande œuvre du hasard et de la destruction. Là, sans doute, de
magiques élaborations ont enfanté l'idée de
la sculpture morisque. Au sein des forêts
l'art a trouvé dans le palmier un de ses
plus beaux modèles. Le vacoa, qui s'ancre et se cramponne à la terre par cent bras
partis de sa tige, a dû le premier inspirer
le plan d'une cathédrale appuyée sur ses
légers arcs-boutans. Dans la *Plaine des
Géans* toutes les formes, toutes les beau-

tés, toutes les facéties, toutes les hardiesses, ont été réunies, superposées, agencées, construites, en une nuit d'orage. Les esprits de l'air et du feu présidèrent sans doute à cette diabolique opération ; eux seuls purent donner à leurs essais ce caractère terrible, fantasque, incomplet, qui distingue leurs œuvres de celles de l'homme; eux seuls ont pu entasser ces blocs effrayans, remuer ces masses gigantesques, jouer avec les monts comme avec des grains de sable; et au milieu de ces créations que l'homme a essayé de copier, jeter de ces grandes pensées d'art, de ces sublimes contrastes impossibles à réaliser, qui semblent défier l'audace de l'artiste et lui dire par dérision : Essayez encore cela.

Je m'arrêtai aux pieds d'une cristallisation basaltique, haute d'environ soixante pieds, et taillée à facettes comme l'œuvre d'un lapidaire. Au front de ce monument étrange une large inscription semblait avoir été tracée par une main immortelle. Ces pierres volcanisées offrent souvent le même phénomène. Jadis leur substance, amollie par l'action du feu, reçut, tiède et malléable encore, l'empreinte des coquillages et des lianes qui s'y collèrent. De ces rencontres fortuites ont résulté des jeux bizarres, des impressions hiéroglyphiques, des caractères mystérieux, qui semblent jetés là comme le seing d'un être surnaturel, écrit en lettres cabalistiques.

Je restai long-temps dominé par la puérile prétention de chercher un sens à ces chiffres inconnus. Ces inutiles recherches me firent tomber dans une méditation profonde, pendant laquelle j'oubliai le temps qui fuyait.

Déjà des vapeurs épaisses s'amoncelaient sur les pics de la montagne, et s'abaissaient sur ses flancs dont elles mangeaient rapidement les contours. Avant que j'eusse atteint la moitié de l'arène des géans, elles fondirent sur la région que je parcourais, et l'enveloppèrent d'un rideau impénétrable. Un instant après s'éleva un vent furieux qui les balaya en un clin d'œil. Puis le vent tomba; le brouillard se reforma, pour être chassé encore par une terrible raffale.

Je cherchai un refuge contre la tempête dans une grotte qui me protégea; mais un autre fléau vint se joindre à celui du vent. Des torrens de pluie gonflèrent le lit des rivières qui ont toutes leurs réservoirs sur le sommet du cône. En une heure tout fut inondé, et les flancs de la montagne, ruisselans de toutes parts, formaient une immense cascade qui se précipitait vers la plaine avec furie.

Après deux jours du plus pénible et du

plus dangereux voyage, je me trouvai, conduit par la Providence sans doute, à la porte d'une habitation située dans un endroit extrêmement sauvage. Sa case simple, mais jolie, avait résisté à la tempête, protégée qu'elle était par un rempart de rochers qui se penchaient comme pour lui servir de parasol. Un peu plus bas une furieuse cataracte se précipitait dans le fond d'un ravin, et y formait un lac débordé, au-dessus duquel des bosquets de beaux arbres élevaient encore leurs têtes flétries et fatiguées.

Je frappai avec empressement; mais la figure qui se présenta sur le seuil me fit reculer trois pas. Avant que j'eusse élevé la voix pour demander asile, le patron m'avait accueilli par un signe muet et grave. J'entrai donc, et me trouvai seul, face à face avec lui, avec sir Ralph Brown.

Depuis près d'un an que le navire *la Na-*

handove avait ramené M. Brown et sa compagne à la colonie, on n'avait pas vu trois fois sir Ralph à la ville, et quant à madame Delmare, sa retraite avait été si absolue, que son existence était une chose encore problématique pour beaucoup d'habitans. C'était à peu près vers la même époque que j'avais débarqué à Bourbon pour la première fois, et l'entrevue que j'avais en cet instant avec M. Brown était la seconde de ma vie.

La première m'avait laissé une impression ineffaçable : c'était à Saint-Paul, sur le bord de la mer. Les traits et le maintien de ce personnage m'avaient d'abord faiblement frappé ; et puis, lorsque par un sentiment d'oisive curiosité j'avais questionné les colons sur son compte, leurs réponses furent si étranges, si contradictoires, que j'examinai avec plus d'attention le solitaire de Bernica.

— C'est un rustre, un homme sans éducation, me disait l'un, un être complètement nul, qui ne possède au monde qu'une qualité, celle de se taire.

— C'est un homme infiniment instruit et profond, me dit un autre; mais trop pénétré de sa supériorité, dédaigneux et fat au point de croire perdues les paroles qu'il hasarderait avec le vulgaire.

— C'est un homme qui n'aime que soi, dit un troisième ; médiocre et non pas stupide, profondément égoïste, on dit même complètement insociable.

— Vous ne savez donc pas? me dit un jeune homme élevé dans la colonie, et complètement imbu de l'esprit étroit des provinciaux; c'est un misérable, un scélérat, qui a lâchement empoisonné son ami pour en épouser la femme.

Cette réponse m'étourdit tellement, que

je me retournai vers un autre colon plus âgé, et que je savais doué d'un certain bon sens.

Comme mon regard lui demandait avidement la solution de tous ces problèmes, il me répondit :

— Sir Ralph était jadis un galant homme que l'on n'aimait pas, parce qu'il n'était pas communicatif ; mais que l'on estimait. Voilà tout ce que je puis dire de lui ; car depuis sa malheureuse histoire, je n'ai eu aucune relation avec....

— Quelle histoire ? demandai-je.

On me raconta la mort subite du colonel Delmare, la fuite de sa femme dans la même nuit, le départ et le retour de M. Brown. L'obscurité qui enveloppait toutes ces circonstances n'avait pu être éclaircie par les enquêtes de la justice ; nul n'avait pu prouver le crime de la fugitive. Le procureur du roi avait refusé de poursuivre ; mais on savait la partialité des magistrats pour M. Brown, et on leur faisait un crime de n'avoir pas du moins éclairé l'opinion publique sur une affaire qui laissait la réputation de deux personnes entachée d'un odieux soupçon.

Ce qui semblait confirmer les doutes, c'était le retour furtif des deux accusés et leur établissement mystérieux au fond du désert de Bernica. Ils s'étaient enfuis, disait-on, pour assoupir l'affaire ; mais l'opinion les avait tellement repoussés en France, qu'ils avaient été contraints de venir se réfugier dans la solitude pour y satisfaire en paix leur criminel attachement.

Mais ce qui réduisait au néant toutes ces versions, c'était une dernière assertion qui me sembla partir de gens mieux informés. Madame Delmare, disait-on, avait toujours eu de l'éloignement et presque de l'aversion pour son cousin M. Brown.

J'avais alors regardé attentivement, consciencieusement pourrais-je dire, le héros de tant de contes étranges. Il était assis sur un ballot de marchandises, attendant le retour d'un marin avec lequel il était entré en marché pour je ne sais quelle emplète; ses yeux bleus comme la mer contemplaient l'horizon avec une expression de rêverie si calme, si candide, toutes les lignes de son visage s'harmoniaient si bien, les nerfs, les muscles, le sang, la bile, tout semblait si serein, si complet, si bien réglé chez cet individu sain et robuste, que j'aurais juré qu'on lui faisait une mortelle injure, que cet homme n'avait pas un crime dans la mémoire, qu'il n'en avait jamais eu dans la pensée, que son cœur et ses mains étaient purs comme son front.

Mais tout d'un coup le regard distrait du

baronnet était venu tomber sur moi, qui l'examinais avec une avide et indiscrète curiosité. Confus comme un voleur pris sur le fait, j'avais baissé les yeux avec embarras, car ceux de sir Ralph renfermaient un reproche sévère. Depuis cet instant, malgré moi j'avais pensé bien souvent à lui, il m'était apparu dans mes rêves, j'éprouvais en y songeant cette vague inquiétude, cette inexplicable é███ion, qui sont comme le *fluide magnéti*███t s'entoure une destinée extraordi███

Mon désir de connaître sir Ralph était donc très réel et très vif; mais j'aurais voulu l'observer à l'écart et n'en être pas vu. Il me semblait que j'étais coupable envers lui. L'éclat cristallin de ses yeux me glaçait de crainte. Il devait y avoir chez cet homme une telle supériorité de vertu ou de scélératesse, que je me sentais tout médiocre et tout petit devant lui.

Son hospitalité ne fut ni fastueuse, ni bruyante. Il m'emmena dans sa chambre, me prêta des habits et du linge, puis me conduisit auprès de sa compagne qui nous attendait pour prendre le repas.

En la voyant si belle, si jeune (car elle semblait avoir à peine dix-huit ans), en admirant sa fraîcheur, sa grâce, son doux parler, j'éprouvai une sen### douloureuse. Je songeai aussitôt ### femme était bien coupable ou bie### heureuse ; coupable d'un crime odieux, ou flétrie par une odieuse accusation.

Mais, pendant huit jours, le lit débordé des rivières, les plaines inondées, les pluies et les vents me retinrent à Bernica ; et puis vint le soleil, et je ne songeai plus à quitter mes hôtes.

Ils n'étaient brillans ni l'un ni l'autre ; ils

avaient, je crois, peu d'esprit, peut-être même n'en avaient-ils pas du tout ; mais ils avaient celui qui fait dire des choses puissantes ou délicieuses : ils avaient l'esprit du cœur. Indiana est ignorante, mais non pas de cette ignorance étroite et grossière qui procède de la paresse, de l'incurie ou de la nullité ; elle est avide d'apprendre ce que les préoccupations de sa vie l'ont empêchée de savoir ; et puis peut-être y eut-il un peu de coquetterie de sa part à questionner sir Ralph, afin de faire briller devant moi les immenses connaissances de son ami.

Je la trouvai enjouée, mais sans pétulance ; ses manières ont gardé quelque chose de lent et de triste qui est naturel aux créoles, mais qui chez elle me parut avoir un charme plus profond ; ses yeux ont surtout une douceur incomparable, ils semblent raconter une vie de souffrance ; et quand sa bouche sourit, il y a encore de la mélancolie dans son regard, mais une mélancolie qui semble être la méditation du bonheur ou l'attendrissement de la reconnaissance.

Un matin je leur dis que j'allais enfin partir.

— Déjà? me dirent-ils.

L'accent de ce mot dans leur bouche fut si vrai, si touchant, que je me sentis encouragé. Je m'étais promis de ne pas quitter sir Ralph sans lui demander son histoire; mais à cause de l'affreux soupçon qu'on avait jadis jeté dans mon esprit, j'éprouvais une insurmontable timidité.

J'essayai donc de la vaincre.

— Écoutez, lui dis-je, les hommes sont de grands scélérats; ils m'ont dit du mal de vous. Je ne m'en étonne pas, à présent que je vous connais. Votre vie doit être bien belle, puisqu'elle a été si calomniée.....

Je m'arrêtai brusquement en voyant un étonnement plein de candeur se peindre sur les traits de Mme Delmare. Je compris alors qu'elle ignorait les atroces méchancetés répandues contre elle, et je rencontrai sur le visage de sir Ralph une expression non équivoque de hauteur et de mécontentement. Je me levai alors pour les quitter, honteux et triste, accablé par le regard de M. Brown, qui me rappelait notre première entrevue et le muet entretien du même genre que nous avions eu ensemble sur le bord de la mer.

Alors, désespéré de quitter pour toujours cet homme excellent dans de telles dispositions, repentant de l'avoir irrité et blessé pour récompense des jours de bonheur qu'il venait de mettre dans ma vie, je sentis mon cœur se gonfler et je fondis en larmes.

— Jeune homme, me dit-il en me prenant la main, restez encore un jour avec nous ; je n'ai pas le courage de laisser partir ainsi le seul ami que nous ayons dans la contrée.

Puis, madame Delmare s'étant éloignée :

— Je vous ai compris, me dit-il ; je vous dirai mon histoire, mais pas devant Indiana. Il est des blessures qu'il ne faut pas réveiller.

Le soir nous allâmes faire une promenade dans les bois. Les arbres, si frais et si beaux quinze jours auparavant, avaient été dépouillés entièrement de leurs feuilles, mais déjà ils se couvraient de gros bourgeons résineux. Les oiseaux et les insectes avaient repris possession de leur empire. Les fleurs, flétries, avaient déjà de jeunes boutons pour les remplacer. Les ruisseaux repoussaient avec persévérance le sable dont leur lit était comblé. Tout revenait à la vie, au bonheur, à la santé, si l'on peut parler ainsi.

— Voyez donc, me disait Ralph, avec quelle étonnante rapidité cette bonne et féconde nature répare ses pertes! Ne semble-t-il pas qu'elle ait honte du temps perdu et qu'elle veuille, à force de vigueur et de sève, refaire en quelques jours l'ouvrage d'une année?

— Et elle y parviendra, reprit madame Delmare. Je me souviens des orages de l'année dernière : au bout d'un mois il n'y paraissait plus.

— C'est, lui dis-je, l'image d'un cœur brisé par les chagrins : quand le bonheur vient le trouver, il s'épanouit et se rajeunit bien vite.

Indiana me tendit la main et regarda

M. Brown avec une indéfinissable expression de tendresse et de joie.

Quand la nuit fut venue, elle se retira dans sa chambre, et sir Ralph, me faisant asseoir sur un banc dans le jardin, me raconta son histoire jusqu'à l'endroit où nous l'avons laissée dans le précédent chapitre.

Là il fit une longue pause et parut avoir complètement oublié ma présence.

Pressé par l'intérêt que je prenais à son récit, je me décidai à rompre sa méditation par une dernière question.

Il tressaillit comme un homme qui s'éveille, puis souriant avec bonhomie :

— Mon jeune ami, me dit-il, il est des souvenirs qu'on déflorerait à les raconter. Qu'il vous suffise de savoir que j'étais bien décidé à tuer Indiana avec moi.

Mais, sans doute, la ratification de notre sacrifice n'était pas encore enregistrée dans les archives du ciel. Un philosophe vous dirait peut-être qu'un vertige très supposable s'empara de ma tête, et me trompa dans la direction du sentier. Pour moi, qui ne suis pas philosophe le moins du monde, j'aime mieux croire que l'ange d'Abraham et de Tobie, ce bel ange blanc, aux yeux bleus et à la ceinture d'or, que vous avez vu souvent dans les rêves de votre enfance, descendit sur un rayon de la lune, et que, balancé dans la tremblante vapeur de la cataracte, il étendit ses ailes argentées sur ma douce compagne. La seule chose qu'il soit en mon pouvoir de vous affirmer, c'est que la lune se coucha derrière les grands pitons de la montagne, sans qu'aucun bruit sinistre eût troublé le paisible murmure de la cascade ; c'est que les oiseaux du rocher ne prirent leur vol qu'à l'heure où une ligne blanche s'étendit sur l'horizon maritime ; c'est que le premier rayon de pourpre qui tomba sur le bosquet d'orangers m'y trouva à genoux et bénissant Dieu.

Ne croyez pourtant pas que j'acceptai tout d'un coup le bonheur inespéré qui venait de renouveler ma destinée. J'eus peur de mesurer l'avenir radieux qui se levait sur moi ; et, lorsqu'Indiana souleva ses paupières pour me sourire, je lui montrai la cascade et lui parlai de mourir.

— Si vous ne regrettez pas d'avoir vécu jusqu'à ce matin, lui dis-je, nous pouvons dire l'un et l'autre que nous avons goûté le bonheur dans sa plénitude, et c'est une raison de plus pour quitter la vie, car mon astre pâlirait peut-être demain. Qui sait si en quittant ce lieu, en sortant de cette situation enivrante où des pensées de mort et d'amour m'ont jeté, je ne redeviendrai pas la brute haïssable que vous méprisiez hier? Ne rougirez-vous pas de vous-même en me retrouvant tel que vous m'avez connu? Ah! Indiana, épargnez-moi cette atroce douleur, ce serait le complément de ma destinée.

— Doutez-vous de votre cœur, Ralph? dit Indiana avec une adorable expression de tendresse et de confiance, ou le mien ne vous offre-t-il pas assez de garanties?

Vous le dirai-je? je ne fus pas heureux les premiers jours. Je ne doutais pas de la sincérité de madame Delmare, mais l'avenir m'effrayait. Méfiant de moi-même avec excès depuis trente ans, ce ne fut pas en un jour que je pus m'affermir dans l'espoir de plaire et d'être aimé. J'eus des instans d'incertitude, de terreur et d'amertume ; je regrettai parfois de ne m'être pas précipité dans le lac lorsqu'un mot d'Indiana m'avait fait si heureux.

Elle aussi dut avoir des retours de tristesse ; elle se défit avec peine de l'habitude de souffrir, car l'ame se fait au malheur ; elle y prend racine, et ne s'en détache qu'avec effort. Cependant je dois rendre au cœur de cette femme la justice de dire qu'elle n'eut jamais un regret pour Raymon ; elle ne s'en est pas même souvenu pour le haïr.

Enfin, comme il arrive dans les affections profondes et vraies, le temps, au lieu d'affaiblir notre amour, l'établit et le scella : chaque jour lui donna une intensité nouvelle, parce que chaque jour amena de part et d'autre l'obligation d'estimer et de bénir. Toutes nos craintes s'évanouirent une à une ; et, en voyant combien ces sujets de défiance étaient faciles à détruire, nous nous avouâmes en souriant que nous acceptions le bonheur en poltrons, et que nous ne nous méritions pas l'un l'autre. De ce moment nous nous sommes aimés avec sécurité.

Ralph se tut ; puis après quelques instans d'une méditation religieuse où nous restâmes absorbés tous les deux :

— Je ne vous parle pas de mon bonheur, dit-il en me pressant la main ; s'il est des douleurs qui ne se trahissent jamais et qui enveloppent l'ame comme un linceul, il est aussi des joies qui restent ensevelies dans le cœur de l'homme, parce qu'une voix de la terre ne saurait les dire ; d'ailleurs, si quelque ange du ciel venait s'abattre sur l'une de ces branches en fleur pour vous les raconter dans la langue de sa patrie, vous ne les comprendriez pas, vous, jeune homme, que la tempête n'a pas brisé, que n'ont pas flétri les orages. Hélas ! que peut-elle comprendre au bonheur, l'ame qui n'a pas souffert ? Pour nos crimes, ajouta-t-il en souriant.....

— Oh ! m'écriai-je, les yeux mouillés de larmes....

— Écoutez, Monsieur, interrompit-il aussitôt ; vous n'avez vécu que quelques heures avec les deux coupables de Bernica ; mais une seule vous suffisait pour savoir leur vie tout entière. Tous nos jours se ressemblent ; ils sont tous calmes et beaux ; ils passent rapides et purs comme ceux de notre enfance. Chaque soir nous bénissons le ciel ; nous l'implorons chaque matin ; nous lui demandons le soleil et les ombrages de la veille. Voyez ces champs, voyez ces fleurs : ces champs, c'est moi qui les cultive ; ces fleurs, c'est Indiana qui les arrose, c'est pour elle qu'elles s'épanouissent. Voyez ces arbres en berceau, nous les avons courbés ensemble ; ce banc où je vous parle, où nous venons rêver le soir, c'est moi qui l'ai couvert d'une nappe de gazon. C'est elle qui a semé de dahlias les rives du ruisseau qui coule à vos pieds ; elle encore qui a planté ce bosquet où se jouent les rayons de la lune ; c'est là où nous allons chaque jour parler d'amour et de bonheur, et souvent du ciel que nous n'envions plus. La majeure portion de nos revenus est consacrée à racheter de pauvres Noirs infirmes. Que ne sommes-nous assez riches pour délivrer tous ceux qui vivent dans l'esclavage! Nos serviteurs sont nos amis : ils partagent nos joies; nous soignons leurs maux. C'est ainsi que notre vie s'écoule, sans chagrins, sans remords. Nous parlons rarement du passé, rarement aussi de l'avenir : nous parlons de l'un sans effroi, de l'autre sans amertume. Si nous nous surprenons parfois les paupières mouillées de larmes, c'est qu'il doit y avoir des larmes dans les grandes félicités : il n'y en a pas dans les grandes misères.

— Mon ami, lui dis-je après un long silence, si les accusations du monde pouvaient arriver jusqu'à vous, votre bonheur répondrait assez haut.

— Vous êtes jeune, répondit-il ; pour

vous, conscience naive et pure que n'a pas salie le monde ; notre bonheur signe notre vertu : pour le monde, il fait notre crime. Allez, la solitude est bonne, et les hommes ne valent pas un regret.

— Tous ne vous accusent pas, lui dis-je ; mais ceux-là même qui vous apprécient, vous blâment de mépriser l'opinion ; et ceux qui avouent votre vertu, vous disent orgueilleux et fier.

— Croyez-moi, me répondit Ralph, il y a plus d'orgueil dans ce reproche que dans le mépris que je n'affiche pas.

Quant à l'opinion, Monsieur, à voir ceux qu'elle élève, ne faudrait-il pas toujours tendre la main à ceux qu'elle foule aux pieds? On la dit nécessaire au bonheur ; ceux qui le croient, doivent la respecter. Pour moi, je plains sincèrement tout bonheur qui hausse ou baisse à son souffle capricieux.

— Quelques moralistes blâment votre solitude ; ils prétendent que tout homme appartient à la société qui le réclame. On ajoute que vous donnez aux hommes un exemple dangereux à suivre.

— La société ne doit rien exiger de celui qui n'attend rien d'elle, répondit sir Ralph ; quant à la contagion de l'exemple, je n'y crois pas, Monsieur ; il faut trop d'énergie pour rompre avec le monde, trop de douleurs pour acquérir cette énergie. Ainsi, laissez couler en paix ce bonheur ignoré qui ne coûte rien à personne et qui se cache de peur de faire des envieux. Allez, jeune homme, poursuivez le cours de votre destinée ; ayez des amis, un état, une réputation, une patrie. Moi, j'ai Indiana. Ne rompez point les chaînes qui vous lient à la société, respectez ses lois si elles vous protégent, prisez ses jugemens s'ils vous sont équitables ; mais si quelque jour elle vous calomnie et vous repousse, ayez assez d'orgueil pour savoir vous passer d'elle.

— Oui, lui dis-je, un cœur pur peut nous faire supporter l'ostracisme; mais pour nous le faire aimer il faut une compagne comme la vôtre.

— Ah! dit-il avec un ineffable sourire, si vous saviez comme je le plains ce monde qui me dédaigne!

Le lendemain je quittai Ralph et Indiana; l'un m'embrassa, l'autre versa quelques larmes.

— Adieu, me dirent-ils, retournez au monde; si quelque jour il vous bannit, souvenez-vous de notre chaumière indienne.

FIN.

www.ingramcontent.com/pod-product-compliance
Lightning Source LLC
Chambersburg PA
CBHW070907170426
43202CB00012B/2229